KB212046

Awed To Heaven, Rooted In Earth

예언자의 기도

이 도서의 국립중앙도서관 출판시도서목록(CIP)은
서지정보유통지원시스템 홈페이지(http://seoji.nl.go.kr)와
국가자료공동목록시스템(http://www.nl.go.kr/kolisnet)에서
이용하실 수 있습니다. (CIP제어번호 : CIP2020052708)

Awed To Heaven, Rooted In Earth
by Walter Brueggemann

Awed To Heaven, Rooted In Earth

예언자의 기도

월터 브루그만 지음 · 박천규 옮김

비아

| 차례 |

에덴 신학교에서 25년,
콜롬비아 신학교에서 17년 동안
오래된 강처럼 내 곁에 있어 준 소중한 동료들에게,
감사와 존경의 마음을 담아

예술적으로 탁월한 기도는 공동체의 관심을 드높이고
이를 유지하게 해주는 기도입니다.

들어가며

　신학교에는 오랜 전통이 있습니다. 장 칼뱅John Calvin이 정착시킨 것으로도 널리 알려진 이 전통은 바로 기도로 수업을 시작하는 것입니다. 교수는 기도를 드리면서 그 시간 주님께서 자신과 학생들을 인도해주시기를, 성령께서 가르침을 전해주시기를 간구합니다. 이러한 기도의 시간을 통해 교수와 학생들은 신학 수업이 여느 일반 학문처럼 단순히 지식을 쌓는 것이 아니라 우리의 믿음, 순종, 찬양을 실천하는 것임을, 달리 말하면 온 마음과 정성을 다해 주님을 사랑하는 것임을 고백합니다. 주님께서 우리와 함께해주시지 않는다면 우리는 이 놀라운 특권을 누릴 수 없고, 그분께서 우리를 인도해주시지 않는다면 우리는 이런 막중한 임무를 수행할 수 없습니다. 기도는 주님께 순종하고 그분의 은총을 간구하는 실제적인 행위지만 동시에 상징으로 가득한 행동이기도 합니다. 신앙이라는 맥락 가운데 앎의 자리를 배치해 주기 때문이지요. 기도는 신앙과 이성의 균형을 잡아주며, 우리의 배움이 구름처럼 우리를 둘러싸고 있는 과거와 현재의 증인들을 통해 이루어진다는 것을 분명하게 보여줍니다. 그렇기에 신학교에서 기도로 수업을 시작하는 것은 오래된 전통이지만 그 이상의 실천이기도 합니다. 기도는 배움이라는 과업을 두려워하지 않는 신자와 예비 신자의 공동체로서 우리가 얻는 지식이 추구해야 하는 올바른 방향을 가르쳐줍니다.

이 기도서는 저의 오랜 목회 현장이었던 학교에서 강의를 시작하며 드린 기도들을 모은 것입니다. 물론 전부 담겨있지는 않습니다. 즉흥적으로 드린 기도가 많았고, 그래서 저를 포함해 사람들에게 잊힌 경우도 꽤 있습니다 (물론 기도가 잊혔다는 말은 어디까지나 인간의 입장에서입니다). 시간이 지나면서 저는 수업을 시작하며 드리는 기도에는 명확한 의도가 필요하다는 것을 깨달았습니다. 저는 수업이 어떠한 내용을 담아야 하는지, 수업을 통해 배운 것들을 가지고 어떻게 교회를 섬겨야 하는지, 교회의 삶이라는 파노라마에서 선생과 학생은 어떠한 자리에 있는지, 복음이 펼쳐지는 맥락(종종 우리는 이 맥락을 무시하곤 합니다)인 세상의 현주소는 무엇인지를 염두에 두고 기도를 드렸습니다. 올바른 기도에 대한 저의 생각은 저의 맥락이었던 강의 현장에서 오랜 시간에 걸쳐 변했고 발전하고 성장했습니다(부디 그러했기를 바랍니다). 신학교에서 드리는 정형화되고 반복되는 기도는 새로운 방식으로 변화되어야 하며, 이 변화를 위한 상상력의 원천은 다름 아닌 성서임을 저는 확신하게 되었습니다. 이후 저는 점점 더 성서에 기반을 두고 기도를 드렸습니다. 그리고 이러한 생각을 함께 나눈 저의 벗이자 성서학 교수인 데이비드 그랜트David Grant는 다른 동료들보다 더 열정적으로 이 일에 함께 해주었습니다.

이러한 기도로 시작하는 이유는 단 하나, 주어진 수업 시간 동안 학생들의 열정과 상상력을 신앙의 관점으로 모아 공통된 실천을 끌어내기 위해서였습니다. 하지만 이러한 목적을 가지고 드렸던 기도들을 모아 기도서라는 형태로 출간하는 것은 전혀 다른 차원의 문제이기 때문에 몇 가지 설명을 덧붙여야 할 듯합니다. 기도서를 출간한 이유는 두 가지입니다. 첫 번째 이유는 오늘날 교회에서 드리는 공적 기도가 어설프고 조악하게 드리는 경우가 많다고 생각했기 때문입니다. 안타깝지만, '즉흥적으로 자연스럽게 하는' 공적 기도는 실제로는 제대로 준비를 하지 않고 드리는 기도일 가능성이 큽니다. 저는 공적인 자리에서 드리는 기도가 예술적으로도 탁월한 기도여야 한다고 믿습니다. 여기서 예술적으로 탁월한 기도는 미사여구가 많은 기도가 아닙니다. 예술적으로 탁월한 기도는 공동체의 관심을 드높이고 이를 유지하게 해주는 기도입니다. 공적 기도문은 그 기도를 듣는 구성원에게 각기 다른 모습으로 다가가면서도, 동시에 각 구성원이 이를 자신의 기도로 받아들일 수 있도록 예술적 탁월함을 갖추고 있어야 합니다. 제 친구 토머스 그린Thomas Green은 저에게 이 점을 분명하게 가르쳐주었습니다. 언젠가 그는 이야기했습니다.

언제 언어는 공적 언어가 될까? 한 이야기를 듣는 사람들 한 사람 한 사람이 그 이야기를 자신의 이야기로 받아들

일 때 그 언어는 공적 언어가 된다.[*]

물론 신학교 강의실에서 드렸던 기도가 교회의 전통적 예배와는 어울리지 않을 수 있습니다. 하지만 이 기도서가 정기적으로 공적 기도를 드리는 이에게 영감을 주는 자료가 될 수 있다고 저는 믿습니다. 세속적이기 그지없는 이 사회에서 기도는 주님과 함께하는 가운데 우리의 삶을 다시 상상하는 일이며, 우리가 하는 말을 듣겠다고 약속하신 그분께 대화를 청하는 일입니다. 저는 기도문들의 표현과 내용이 지나치게 자극적이지 않도록 신경을 썼습니다. 기도는 본질적으로 위험한 행동이며 그 언어 또한 위험할 수밖에 없기에 특정 표현과 내용에만 주목하게 만들어서는 안 됩니다. 기도는 우리의 삶을 주님께 아뢰는 경이로운 사건입니다. 그러므로 우리는 두려움과 떨림을 담아 기도를 드려야 합니다. 이 기도서를 읽다 보면 찬양, 고백, 간청, 중보와 같은 전통적인 기도 주제들을 발견하기란 그리 어려운 일이 아닐 것입니다. 그러나 이처럼 우리에게 익숙한 기도들은 쇼핑 목록처럼 기억하였다

---

[*] Thomas F. Greene, *Voices: The Educational Formation of Conscience*(Notre Dame, Ind.: University of Notre Dame Press, 1999), 156.

가 읽히는 것이 아니라, 복음의 새로운 언어를 발견하는 기회가 되어야 합니다. 부디 이 기도서가 공적 기도를 하는 이들에게 도움이 되기를 바랍니다.

기도서를 출간한 두 번째 이유는 감사를 표현하기 위해서입니다. 이 기도서는 제가 41년의 강의 생활을 마치는 마지막 학기에 출간됩니다. 저는 참으로 다양한 학생들과 함께 오랜 기간 공부할 수 있었습니다. 어떤 이들은 저를 좋은 선생으로 기억하겠지만, 어떤 이들은 그렇지 않겠지요. 어떠한 경우든 학생들은 늘 저와 함께 기도했고, 몇몇 학생은 저보다 더 깊고 성숙한 기도를 드리기도 했습니다. 은퇴를 앞둔 저에게 이 기도서는 저와 함께 한 모든 학생에게 보내는 감사 편지입니다. 좋은 학생들과 함께했기에 저의 교수 생활도 윤택할 수 있었습니다. 또한 에덴 신학교와 콜롬비아 신학교에서 만난 동료 교수들에게도 심심한 감사의 말을 전합니다. 그들은 우정과 신뢰를 나누며, 때로는 갈등하며 저와 함께 가르치고 기도했습니다. 이들을 향한 감사의 마음은 이루 말할 수 없이 큽니다.

이 기도서를 완성하는 데 도움을 준 이들에게도 감사를 표합니다. 오래전 저의 수업을 들은 학생이자 지금은 고인이 된 잭 거겐Jack Gergen은 처음으로 제가 수업시간에 드린 기도를 녹음하고 글로 기록한 뒤 이를 모아 다른 사람들과 나누어 보곤 했습니다. 그 덕분에 저는 기도문들을 묶어서 책으로 내야겠다고 생각했습니다. 티아 폴리Tia Foley는 템피 알렉산더Tempie Alexander의 뒤를 이어 원고를 준비하는 데 큰 도움을 주었습니다. 팀 심슨Tim Simpson은 언제나 그랬듯 원고의 매무새를 다듬어 주었습니다. 포트리스 출판사 직원들, 특별히 K. C. 핸슨K. C. Hanson에게 감사를 표현합니다. 마지막으로 에드윈 서시Ed Searcy에게 감사의 인사를 전합니다. 그는 긴 시간 이 기도서에 실린 기도들을 읽으며 주제에 맞추어 나누고 순서를 정해주었습니다. 그리고 그동안 자신이 사역하는, 캐나다 밴쿠버에 있는 한 교회 공동체에서 이 기도들을 나누었습니다. 덕분에 저는 제가 오랜 시간 신학교 강의실에서 고민을 담아 드린 기도와 교회 공동체에서 드리는 기도 사이에 분명한 연관성이 있음을 확신하게 되었습니다.

앞으로 41년간의 교수 생활을 돌아볼 기회들은 계속 있겠지만, 두 학교에서 가르치고, 배우고, 기도했던 시간들을 돌아보게 해준 이 일만큼 두렵고 떨리는 일은 없을 것입니다. 이제, 허세처럼 보일 수도 있겠지만, 저는 일과를 마친 수도사처럼 감사의 마음을 담아 시므온 성가Nunc Dimittis를 부르며 이 길었던 시간과 작별을 고하고 싶습니다. 감사의 말을 마치며 저는 기도하는 교회가 신학 교육이 올바르게 이루어질 수 있는 유일한 토양임을 다시 한번 강조하고 싶습니다. 그렇기에 저는 다시 한번, 감사와 찬미 가운데 기도드립니다.

콜롬비아 신학교에서
월터 브루그만

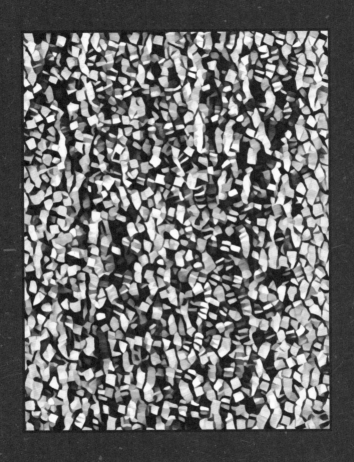

우리는 당신의 거룩함이 새겨진 피조물이며
거룩한 당신만이 우리의 참된 모습을 완성하십니다.

그때, 당신은

그때, 당신은

우리는
거룩하신 당신을 통제하기 위해
최선을 다해 우리의 삶을 스스로 조정하려 합니다.
경건한 행위를 하고, 교리를 만들고,
전례에 참여하고, 도덕을 만들고
은밀하게 이념을 숭배합니다.
우리는 안전하고 올바른 곳에 있다고 안도합니다.

그때, 당신은 당신의 꿈을 꾸게 하십니다.
당신의 전망을 보게 하십니다.
당신의 뜻을 따르게 하십니다.
당신의 명령을 듣게 하십니다.
우리의 이웃을 보게 하십니다.
그렇게 우리는 거룩하신 당신이
우리 마음을 깊이 살피시고 우리 시간에 침투하시며
당신의 뜻을 고집하시며,
무언가 요구하신다는 것을 알게 됩니다.

그제야 우리는 항복합니다.

때로는 기쁜 마음으로, 때로는 분개하면서

때로는 뒤늦게, 때로는 곧바로

우리 너머에 계신 주님, 당신은 우리의 주님이십니다.

그렇기에 우리는 당신께 항복합니다.

우리는 당신의 거룩함이 새겨진 피조물이며

거룩한 당신만이 우리의 참된 모습을 완성하십니다.

그러므로 우리는 당신께 항복합니다.

아멘.

구약학 수업, 1998. 10. 15.

오늘, 그리고 매일

우리는 신실한 당신 덕분에 눈을 뜹니다.

그것이 우리의 현실입니다.

언제나, 힘들 때나 좋을 때나, 아플 때나 건강할 때나,

당신은 늘 변함없이 우리와 함께하십니다.

실로 경이롭습니다.

우리가 잠들 때 우리를 지켜봐 주십니다.

우리가 잠에서 깰 때도 우리 곁을 떠나지 않으십니다.

감사합니다.

하루를 마치기 전, 우리의 마음은 식어

당신이 우리와 함께 계시지 않는다 생각할지 모릅니다.

하지만, 지금, 이 새벽에는 아닙니다.

하루를 마치기 전,

우리는 몇 번이고 당신과 흥정을 하려 할지도 모릅니다.

하지만, 지금, 이 새벽에는 아닙니다.

하루를 마치기 전, 우리는 당신을 뒤로한 채

우리의 믿음과 덕을 앞세울지도 모릅니다.

하지만, 지금, 이 새벽에는 아닙니다.

바로 이 새벽, 눈을 들어 당신을 바라봅니다.
당신께 감사를 올립니다.

우리는 다만 당신의 선함이 우리가 이름 붙일 수 있는
모든 고난과 시험의 공간을 채우고,
당신의 자비가 우리의 아픔을 돌보아
그로부터 다른 아픔이 나지 않기를,
당신의 신실함이 혼자라면 부서질 연약한 우리를
꼭 붙잡아주기를 바라고 또 원합니다.

그렇게 우리는
기쁨과 소망과 깊이 벅차오르는 경탄으로
오늘을 시작합니다.
아멘.

구약학 수업 '신을 표현하는 형용사에 대하여',
2000. 7. 18.

사이에 계신 당신

주님, 당신은 두려움으로 가득한 밤 우릴 품으십니다.

그리고 낮을 열어 우리를 깨우십니다.

당신은 밤의 경계에서 낮의 가장자리로 움직이십니다.

두려움과 생기 사이에 계신 주님,

당신은 연약한 밤을 보듬어 활기찬 낮을 주십니다.

우리의 피로를 취하시고 용기를 주십니다.

무기력하고 주저하는 마음을 가져다

뜨거운 열정을 빚으십니다.

무엇을 더 말할 수 있겠습니까?

당신이, 오직 당신만이 모든 사이와 경계에 계십니다.

그리고 당신으로부터 새로운 날이 시작됩니다.

우리는 당신의 신실함으로, 당신에게서 나왔습니다.

우리는 이 하루 동안 자유와 용기와 생명을 누리다가

신뢰와 기쁨으로 당신께 돌아갑니다.

아멘.

앨러게니 대학에서 드린 기도, 1989. 8. 17.

이 놀라운 아침에

견딜 수 없이 긴, 침묵으로 가득 찬 좌절의 밤,
우리는 그 밤을 압니다.
춥고 굶주리며 억눌린 형제들과 자매들은
그런 밤을 더 잘 알겠지요.
주님, 당신 또한 언약궤가 아스돗에 있었던 밤처럼
고독과 치욕으로 가득한 시간을 알고 계십니다.
우리가 당신을 버리려고 했던
무수한 시도 또한 알고 계십니다.
당신께 그 밤이 어땠는지 우리는 알 수 없습니다.
어쩌면 우리와 비슷했을지도 모르겠습니다.
그러나 주님, 밤이 지나고
당신은 아침에 우리를 놀라게 하십니다.
수천 년 전 블레셋 사람들에게 그러하셨듯
우리가 공들인 계획을 무너뜨리시고,
우리가 섬긴 우상들을 산산조각내시며,
우리의 계획과 욕망을 꺾으십니다.
그렇게 당신은 아침을 여시며

당신 홀로 빛과 영광과 권능 가운데 계십니다.

오늘 우리는 기나긴 밤 한가운데서도

영광 속에 계신 당신을 봅니다.

주님, 오늘 우리의 많고 많은 어둠 가운데

영광의 빛으로 임하소서.

당신의 새로운 날, 부활의 아침으로 우리를 이끄소서.

아멘.

사무엘상 5장 강독, 2000. 3. 2.

당신을 기다리며

힘을 모아 하루를 시작합니다.

기다리고 지켜보며 소망합니다.

무엇을 기다리는지,

왜 기다리는지 모를지라도 기다립니다.

당신께서 아직 끝내지 않은 일이 있으리라

감히 상상하며 초조한 마음으로 기다립니다.

인내하며, 안절부절못하며, 불안해하며,

확신하며, 두려워 떨며, 용기를 내 꿋꿋하게 기다립니다.

당신께서 우리를 다스리고 계심을,
당신의 명령에는 분명한 뜻이 있음을 의심하지 않습니다.
다만 우리는
당신께서 우리와 함께 슬퍼하실 날을 기다립니다.
당신의 통치는 흠 없고 순전할지라도
우리는 당신께서
우리로 인하여, 우리와 함께, 우리 너머에서
슬퍼하시고, 아파하시며, 감싸 안아주시기를 기다립니다.
우리와 함께 폭력을 질타하소서.
우리와 함께 고통에 슬퍼하소서.
우리와 함께 가난과 상처에 통곡하소서.

주님, 우리에게 자비와 권능으로 오시어
이 낯선 세상을 우리가 거할 집으로 바꾸소서.
머리 둘 곳 없으셨던 예수 이름으로 기도합니다.
아멘.

앨러게니 대학에서 드린 기도, 1989. 8. 16.

당신께서 그러하시기에 우리도

이 아침, 하루를 시작하며 당신을 찬미합니다.
오늘은 당신의 것이고 우리도 당신의 것이기에
당신을 이야기하지 않고서, 당신께서 주시는 선물 없이,
당신께서 주신 계명 없이 우리는 하루도 살 수 없습니다.
생명이라는 선물, 더불어 사는 삶이라는 선물,
이 세계와 이 세계의 모든 피조물이라는 선물,
당신의 높고 위대하심을 노래하는
교회라는 선물을 허락하신 당신을 찬미합니다.

주님, 오직 당신께서, 당신 홀로
하늘과 땅을 만드시고 고치시며 새롭게 하십니다.
우리가 미처 모르는 정의를 이루시며
우리가 키우지 않은 양식을 주십니다.
갇힌 자를 자유롭게 하시며
보지 못하는 이의 눈을 뜨게 하십니다.
우리를 일으켜 세워주시고 살펴보시며 지키십니다.
당신의 통치는 영원합니다.

당신께서 그러하시기에 우리 또한 그렇게 될 것입니다.

하지만 우리는 당신을 온전히 신뢰하지 못합니다.

권세자들을 추앙합니다. 저열한 목표를 세웁니다.

자기 자신에만 몰두합니다.

움켜쥔 작은 권력을 잃을까 두려워

초조해하며 헛된 일에 힘을 쏟습니다.

그때, 불안에 빠진 우리를 건지시는 당신을 봅니다.

고치시고 새롭게 하시는 당신을 봅니다.

기존의 질서를 무너뜨리시는 당신을 봅니다.

정의로운 삶의 기회를 주시는 당신을 봅니다.

주님, 우리가 하는 모든 일에도 불구하고

결국, 언제, 어디서나 당신의 일을 하십니다.

너그럽게 베풀어 주십니다. 그렇기에 감사드립니다.

아멘.

  시편 146편 강독, 밀로셰비치*가 실각한 날, 캠벨 신학교에서,

2000. 10. 16.

---

  * 슬로보단 밀로셰비치(1941~2006): 전 세르비아 공화국 대통령. 재임
    시 크로아티아 독립 전쟁, 보스니아 전쟁에서 크로아티아인과 보
    스니아인 학살 등의 전쟁 범죄를 주도했다.

세상의 모든 말로

수많은 이가
위대한 구세주의 이름을 부릅니다.
우리를 옭아맨 모든 것을 벗어 던지고
당신을 노래하려 합니다.
우리의 모든 가능성
우리의 모든 두려움
우리의 모든 희망을 넘어
당신을 찬미합니다.

우리의 구원자이신 주님,
우리를 죽음에서 건지시고
우리의 상처를 치유해주시며
파괴를 일삼는 우리에게
평화를 가져다주시는
당신을 찬미합니다.

우리보다 큰 당신을,

우리의 전통보다 큰 당신을,

우리의 신학보다 큰 당신을,

우리의 이해를 넘어선 당신을,

우리를 둘러싼 말들,

우리 안에 있는 말들,

우리가 말로 표현하지 못하는 말들,

당신께서 주신 자유와 용기에서 나오는 말들로

선하신 당신께 우리의 모든 삶과 사랑을 바칠 때까지

당신을 찬미합니다.

아멘.

구약학 입문, 시편을 이해하기 위해 플래너리 오코너*의

소설과 요더의 책을 읽기 전에, 1998. 11. 20.

---

* 플래너리 오코너(1925~1964): 미국의 소설가. 독실한 로마 가톨릭 집
안에서 태어나 개신교 근본주의가 맹위를 떨친 미국 남부에서 생
애 대부분을 보냈다. 25세에 루푸스가 발병해 오래 살지 못할 것이
라는 진단을 받았지만 이후 12년 동안 장편 소설 2편과 단편 소설
32편을 써서 미국 문학사에 커다란 흔적을 남겼다.

당신만이 우리의 희망이시기에

자애로운 주권자이신 주님,
나라의 흥망성쇠를 주관하시고
백성들을 택하여 부르시며
서로 다투고 해칠 때 마음 아파하시는 주님,
당신은
모든 시대와 모든 시간에, 그리고 지금도
우리를 향한 당신의 뜻을 펼치시며
힘없는 이들을 당신 곁으로 부르시며
그 약함으로 강함을 겸손하게 하십니다.

당신만이 우리의 찬미를 받을 분이시며,
당신이시기에,
당신께서 하신 일들로 인하여,
우리를 꿈꾸게 하신 분이시기에,
기쁨으로 찬양하며,
은총 안에서 감사를 올립니다.

오늘 우리가 섬기고 사랑하는

세상의 모든 교회와,

우리와 함께 하는 모든 이들과

우리가 몸담은 연약한 공동체들을

자비의 눈으로 바라봐 주소서.

늘 당신께 순종하겠습니다.

우리를 자비의 눈으로 바라봐 주소서.

온전히 당신에게 순종한 예수 이름으로 기도합니다.

아멘.

이사야 19:23~25 강독, 토머스 탕가라즈Thomas Thangaraj의 강의,

2000. 10. 11.

"예, 주님"

우리를 곤경에서 구해주시는 거룩한 주님,

우리가 죽음의 문턱에 있을지라도

당신은 우리에게 생명과 안식을 주십니다.

이제 우리는 공동체로서 이 자리에 모였습니다.

이곳에서 우리는 우리의 형제들과 자매들의

증언을 들으려 합니다.

그 외에 우리가 할 수 있는 일이 없기 때문입니다.

이러한 증언 없이 우리는 살 수 없습니다.

우리는 망설이지 않고, 기꺼이 고백합니다.

당신은 우리에게 생명을 주십니다.

당신은 우리의 기도를 들으십니다.

당신은 삶의 험난한 고비마다 생명이 깃든

평화의 공간을 만드십니다.

당신은 단 한 번도 우리에게서 눈을 떼신 적이 없으시며

우리가 실패할 때, 우리가 수치심에 괴로워할 때도

우리 곁에 계십니다.

당신은 우리의 모든 불안함을 거두시어

우리를 자유롭게 하십니다.
우리가 당신의 이름을 부르짖을 때,
당신은 결코 외면하지 않으십니다.
그렇기에 우리는 당신을 찬미합니다.
당신을 예배합니다. 당신을 사랑합니다.

당신을 찬미하며 기쁨과 감사로
우리의 삶을 당신께 드립니다.
당신을 찬미하며 우리 중 아픈 이와
우리 곁을 떠난 이들을 당신 손에 맡깁니다.
당신을 찬미하며 당신이 품으시는 가난한 이들을 위해
우리의 힘을 바치겠다고 맹세합니다.
당신을 찬미하며 우리는 우리를 다스리시는
당신께 답합니다. "예, 주님"
아멘, 아멘.

시편 22:21~31 강독, 1997. 1. 13.

그렇기에 우리는 또다시 당신께

주님, 당신께 아룁니다.
우리에게 생명을 주시는 분,
우리가 대답하기를 기다려주시는 분은
오직 당신뿐입니다.
우리는 당신과 대화하려 하지만
우리의 언어는 당신의 말씀처럼
정직하지도, 위험하지도, 맹렬하지도 않습니다.

그렇기에
문제를 정직하게 내려놓는 법을 알았던,
당신의 현존 앞에 서는 두려움을 알았던,
분노와 상실을 강렬하게 표현할 줄 알았던
우리 선조들의 말 뒤에 우리의 말을 잇습니다.
이렇게 당신께 드리는 우리의 말에,
찬양과 경배가 이어집니다.
감사함으로 당신의 문에 들어가며,
찬양하며 당신의 뜰에 들어갑니다.

참회와 고백을 가락에 맞추어 읊조리며
당신께, 오직 당신께 죄를 범한 사실을 털어놓습니다.
감사와 놀라움이 가득한 목소리로
우리의 통곡하는 슬픔을 춤으로 바꾸시는
당신을 노래합니다.
정제되지 않은 분노를 담아
바위에 메어치듯 당신께 우리 마음을 토합니다.
당신께 감출 비밀이란 없으며
당신께 드리고픈 말이 너무도 많습니다.

그렇기에 당신은 우리 너머, 우리와 함께,
우리를 위해 우리 말에 귀 기울이십니다.
우리의 고통과 비애를 들어주시는 이는
오직 당신, 언제나 당신뿐이십니다.
그렇기에 우리는 또다시 당신께 아룁니다.
아멘.

강의 '시편의 저자 살펴보기', 2000. 11. 15.

우리 건너편에서

주님,
우리가 당신을 이해한다고 생각한 바로 그때,
당신은 두렵고도 놀라운 자유를 두르시고
우리 건너편에서 나타나십니다.
언제나 당신은 우리를 위협하는 분이자
우리에게 약속하는 분으로 다가오십니다.

당신과 마주할 때마다 우리는
곤란해 어쩔 줄 모릅니다.
기도하오니, 우리를 향한 당신의
지치지 않는 관심을 조금만 눅여주소서.
그리고 우리에게 당신 앞에서 견딜 수 있는
용기와 자유를 주소서.
처음 된 자가 나중 되고,
나중 된 자가 처음 되는 이 땅에서
최선의 삶을 사는 길을,
그 길을 걸어갈 수 있는 지혜와 자유를 주소서.

끝까지 겸손하셨기에 당신께서 높이신
아들의 이름으로 기도합니다.
아멘.

우리의 뜻대로가 아니라

우리는 우리가 아는 모든 이름으로 당신을 부릅니다.
우리는 우리가 원하는 방식으로 당신을 이용하려 합니다.
우리는 우리의 관점을 고집하며 당신께 나아갑니다.
당신이 어떤 분인지 확인할 필요가 있어서가 아닙니다.
우리가 당신을 깊이 갈망하기 때문입니다.
우리가 깊은 상처를 입은 존재이기 때문입니다.
우리에게 깊은 소망이 있기 때문입니다.

우리가 부르는 당신의 이름이
일순간 우리를 흡족하게 할지라도,
당신은 자유롭게 그 이름들을 부서뜨리시며

우리가 부르짖는 이름들 너머로 새롭게 나타나십니다.

우리가 움켜잡은 것을 넘어

당신의 영광 속으로 들어가십니다.

그렇게, 당신의 자유와 신비를 통해

우리는 당신이 주님임을

다시금 깨닫게 됩니다.

당신은 숨어 계시나 늘 우리를 위하시며

우리의 뜻대로가 아니라,

언제나 당신의 방식으로 계십니다.

그러므로 당신을 이야기할 때

우리는 더듬거릴 수밖에 없습니다.

당신께 붙였던 이름들이란 그저 우리 불안의 산물입니다.

당신을 잡고 묶어두려는 우리를 넘어

육신을 입으시고, 우리를 위해

사랑으로 고난당하신 당신께,

우리에게 이름을 주신 당신께 감사와 찬양을 올립니다.

아멘.

강의 '신명神名에 대하여', 2000. 7. 19.

모든 것을 쓸어버리시고 새롭게 하소서

당신을 부르는 말은 차고도 넘칩니다.

주님, 통치자, 주권자, 왕...

이처럼 우리는 온갖 정치적 관념들을

당신에게 투영합니다.

때로는 남성적인 모습을 덧칠하기도 합니다.

때로는 별생각 없이 습관적으로 당신을 그렇게 부릅니다.

때로는 당신이 그러한 모습을 하고 있기를 바라며

당신을 그렇게 부릅니다.

그러다 우리는 깨닫습니다.

당신은 우리와 다른 분,

우리가 함부로 할 수 없는 분임을 깨닫습니다.

당신은 진정으로 주님이며 통치자이자

주권자이며 왕이기에

당신에게 투영한 우리의 관념들을 쓸어버리십니다.

주님, 아파르트헤이트는 무너졌지만

아직 살아있는 우리 안의 인종차별을,

군부 독재는 몰락했지만

일상을 목 조르는 또 다른 힘의 통치를,

이단은 사라졌지만 여전히 꿈틀거리는 우리의 방종을…

이러한 우상들을 쓸어버리소서.

당신께 순종하지 않는 모든 체계를 쓸어버리소서.

우리가 버리지 못하는 것들을 쓸어버리소서.

우리를 붙잡는 과거의 기억들을 쓸어버리소서.

우리의 눈을 멀게 하는 작은 쾌락들을 쓸어버리소서.

우리를 당신에게서 멀어지게 하는

볼품없는 두려움을 쓸어버리소서.

이 모든 것을 쓸어버리시고 새롭게 하소서.

성금요일, 죽음으로 모든 것을 깨끗하게 하신 주님,

다시 한번 모든 것을 깨끗하게 하시고

부활의 날 도래한 당신의 나라에 합당한

우리가 되게 하소서.

아멘.

사무엘상 12:25 강독, 2000. 3. 30.

무너질 모래가 아닌 영원한 반석에

하늘과 땅을 주관하시고 다스리시며 사랑하시는 주님,
걷잡을 수 없는 혼돈의 물을 통치하시며 새와 짐승과 물고
기를 돌보시는 분, 이스라엘 백성을 택하셨으며 온 인류를
다스리시는 주님,

당신은 당신의 전망을 보여주심으로써 우리의 지평이 얼
마나 좁고 작은지, 얼마나 당신의 능력에 무지한지, 얼마
나 당신의 정의를 기꺼워하는지 얼마나 당신의 넘치는 자
비 앞에서 망설이는지를 깨닫게 하십니다.

주님, 오직 당신만이, 당신 한 분만이 온 땅과 하늘의 주인
이십니다. 우리가 우쭐할 때 당신은 비를 내리시고, 우리
가 무리를 이룰 때 홍수를 일으키시며, 우리끼리 자리를
정할 때 거센 바람을 보내십니다.

그렇게 우리를 부수시고 새롭게 하실 때, 우리는 당신을
의심하고 두려워합니다. 헛된 망상에 불과했던 삶의 토대

와 기둥들이 송두리째 무너질 때, 비로소 우리는 우리가 모래 위에 서 있음을 깨닫습니다. 우리는 악몽에 사로잡혀 두려워 떨며 어찌할 바를 모릅니다. 그리고 그때, 그 어떤 반석보다 단단하고 강하고 확실한 당신이 오셔서, 우리의 모래를 뒤엎으시고 당신의 반석을 세우십니다.

영원한 반석인 주님, 우리를 덮쳐오는 물로부터 피할 반석 되시는 주님, 이런 우리를 불쌍히 여기소서. 우리가 사랑하는 모든 이들과 도움이 필요한 이웃들을 불쌍히 여기소서.

당신은 아프고 병든 이가 편히 기댈 반석이시며, 나이 든 이가 자신을 돌아보게 해주는 반석이시며, 죽은 이를 돌보시는 반석이십니다.

열방에 정의를 세우시는 주님, 우리의 혐오를 참지 않으시는 주님, 우리의 탐욕에 괴로워하시는 주님, 당신은 우리가 외로울 때 친교의 자리가 되어주시며 우리가 초라한 모습으로 헤맬 때 은총을 베푸십니다. 지금 여기에 우리와 함께하소서. 당신을 부르짖는 모든 곳에 함께하소서.

우리가 자신하며 서 있던 모래 구멍에서 우리를 건져내소서. 은혜로 가득한, 좁고 어려운 길로 이끄소서. 자비와 위로와 정의의 반석이신 당신을 닮게 하소서. 이웃의 기댈 곳이 되시는 당신을 따라 우리의 생각과 삶이 타인을 향하게 하소서.

주님, 주님, 주님, 우리가 무너질 모래가 아닌 영원한 반석에 설 그날까지 우리를 움직이소서. 하늘의 왕이시며 온 땅의 주인이시여, 우리의 기도를 들으시며 갈피를 잡지 못하는 우리의 마음을 고치소서. 우리가 기뻐하고 순종하며 흐트러짐 없이 당신을 신뢰하면서 우리에게 주어진 길을 마치게 하소서. 당신을 깊이 생각할 때 무엇을 해야 할지 우리는 알게 됩니다.
아멘.

마태복음 7:24~29 강독, 1993. 9. 30.

오늘 해가 저물기 전에

주님,

당신의 능력은 거침없이 발휘되고,

당신은 주저함 없이 당신의 바람을 드러내십니다.

당신의 입장은 단호합니다.

당신은 우리에게 복의 근원이 되어

안식일과 부활의 날을 매주 선물하십니다.

우리 눈을 뜨게 해주셔서

세상을 향한 한결같은 당신의 뜻을 깨닫게 하십니다.

그러나 우리는 늘 우리의 뜻을 이루려 합니다.

사적인 꿈을 좇습니다.

욕망을 충족시키기 위해 발버둥 칩니다.

그러나 주님, 이는 쉽게 망가지고 부서집니다.

나아가 악한 생각을 불러일으키고 파괴를 초래합니다.

그것이 무엇이든 간에

신실한 당신 앞에서는 모두 하찮은 것들일 뿐입니다.

이제 우리의 성향을 뒤로합니다.

당신만이 진실로 우리의 유익을 추구하시며
약한 자에게 정의를 주시며
모든 이에게 자비와 연민을 갖고 계시기 때문입니다.
그리고 당신은 이를 우리에게 명령하십니다.

오늘 해가 저물기 전에,
우리의 뜻을 버리고 당신의 뜻을 따르게 하소서.
오늘 잠이 들기 전에,
우리의 헛된 소망으로부터 우리를 자유롭게 하소서.
당신의 영원한 뜻 안에 우리가 자리 잡게 하셔서
이 땅이 온전한 당신의 나라가 되게 하소서.
당신의 평화로 이 세상을 뒤흔드셔서
당신의 뜻 안에서 우리가 참 자유를 얻게 하소서.

나라와 권세와 영광이 우리의 것이 아니라
영원토록 당신의 것임에 감사드립니다. 아멘.

구약학 수업, 2000. 6. 17.

거룩하신 당신

거룩하시다. 거룩하시다. 거룩하시다.
모두가 외칩니다.
"거룩하시다! 거룩하시다! 거룩하시다!"

당신은 거룩하십니다.
당신은 감히 말로 표현할 수 없는 분이시며,
두려움과 놀람 가운데 계신 분이시며,
우리 너머에 계신 분이십니다.
당신은 우리와 너무나도 다른 분이시기에
우리는 다만 우리와 함께하시는
당신을 힐끗 엿볼 수 있을 뿐입니다.
당신의 거룩함은 우리의 부정함을
당신의 열정은 우리의 무정함을
당신의 평화는 우리의 폭력을
당신의 관대함은 우리의 편협함을 드러냅니다.

그러나 그런 우리를 당신은 부르셨습니다.

험난한 때, 잊어버리고픈 고난의 때,
심지어 당신에게 저항하는 때에도
당신은 우리를 받아주셨습니다.
그리고 우리를 보내십니다.
그 어느 곳, 어느 순간에도 당신의 뜻을 받들라 하시며
평화를 이루고 자비를 행하고 긍휼하라며
우리를 당신의 도구로 삼으십니다.
당신의 거룩한 뜻은
우리를 견딜 수 없는 성금요일에 동참하게 합니다.

그리하여 십자가의 길로 부름을 받은 우리는
감사를 드려야 한다는 생각조차 잊은 채
감격에 젖어 몸을 떱니다. 아멘.

이사야 6장 강독, 2001. 10. 9.

낮과 밤으로

주님,
우리는 당신의 놀라운 권능에 관한 이야기를 들었습니다.
어떻게 당신께서 만물을 새롭게 하시는지,
어떻게 당신께서 죽음을 이기셨는지,
어떻게 당신께서 생명을 주시는지
우리는 듣고, 또 들어왔습니다.

잠을 청하는 밤,
우리는 당신께 우리의 모든 것을 맡깁니다.
그리고 아침에 눈을 뜨면
당신이 여전히 우리를 지키시며,
살피시고, 함께 하고 계심을 깨닫습니다.
그렇게, 낮과 밤으로 당신은 우리를 놀라게 하십니다.

그렇지만 우리는 살아가는 가운데
끊임없이 당신을 제한하고
당신을 뒷전에 밀어 넣고

당신을 특정한 곳에 붙잡아 두려 합니다.
만물을 새롭게 하시는 당신의 활동을
우리는 보지 못합니다.
그렇기에 우리는 당신을 기다립니다.

당신을 기다리는 동안
밤에는 우리에게 안식을 주시며
낮에는 우리에게 맑은 정신을 주소서.
언제나 우리의 시선이 당신을 향하게 하소서.
오직 주님, 당신만을 바라보게 하소서.
그것이 우리의 기쁨입니다.
아멘.

사무엘상 5장 강독, 1999. 2. 25.

우리의 영원한 집이 되소서

우리 앞에 계시며,
우리 뒤에도 계신 주님,
우리를 위해
당신만을 위하시는 주님,
하늘과 땅을 지으시고
창공과 바다를 만드셨으며
낮과 밤을 다스리시는 주님,

우리에게 생명이라는 선물을 주심에
당신께 감사드립니다.
당신께서 삶의 주기를 빚어내시기에
우리는 안정을 찾고,
당신께서 균형을 잡아주시기에
우리는 바로 설 수 있습니다.
당신을 신뢰할 수 있기에
우리는 불안을 억제할 수 있습니다.
우리에게는 당신께서 주시는

일할 수 있는 낮과

쉴 수 있는 밤이 모두 소중합니다.

우리는 당신께서 주시는

목표를 향해 나아가는 낮과

모든 것을 내려놓는 밤을 아낍니다.

우리는 당신께서 주시는

계획을 세우는 낮과

새로운 꿈을 꾸는 밤을 누립니다.

우리의 낮과 밤이 되소서.

우리의 하늘과 땅이 되소서.

우리의 창공과 바다가 되소서.

그리하여 마지막 날 우리의 영원한 집이 되소서.

아멘.

구약학 수업, 1998. 11. 12.

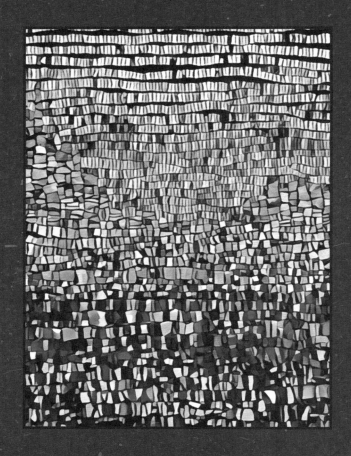

우리의 낮과 밤이 되소서.
우리의 하늘과 땅이 되소서. 우리의 창공과 바다가 되소서.
그리하여 마지막 날 우리의 영원한 집이 되소서.

비밀이 많은
우리의 고백

비밀이 많은 우리의 고백

주님,
당신은 우리의 모든 것을 알고 계십니다.
하지만 우리에게는 감추고 싶은 것이 많습니다.
털어놓고 싶으나 섣불리 꺼내지 못하는,
깊은 상처가 있는, 고통스러운 이야기를 갖고 있습니다.
이 꺼내지 못한 이야기들이
우리 깊은 곳에 자리하고 있습니다.

주님,
당신은 모든 진실의 주인이십니다.
청하오니, 우리가 거짓말로 부인하지 못할 만큼
우리의 진실을 바라봐 주소서.
차마 추스르지 못하는 슬픔을,
도무지 마주하지 못하는 고통을,
겁먹은 어린아이처럼 우릴 얼어붙게 하는 공포를,
깊이 감춰져 있는 만큼 강해지는 혐오를
누군가를 이용하고 누군가에게 이용당하며,

누군가를 조종하며 누군가에게 조종당하고,
누군가를 헐뜯고 누군가에게 비방당하는
우리의 참모습을 거짓 증언하지 않게 하소서.
당신의 한없는 사랑을, 그 놀라운 진실을 신뢰합니다.
하지만 당신께서 귀 기울여주실 때까지
우리는 가만히 기다릴 수 없습니다.
당신께서 우리의 진실을 들어주실 때
그 진실과 진리는 우리를 자유롭게 합니다.
바라오니, 진리의 주님,
다른 무엇보다 우리에 관한 진실의 주님이 되어주소서.
고통받고 상한 마음의 가장 귀한 비밀이 되시는
예수의 이름으로 기도합니다. 아멘.

시편 수업, 1999. 1. 14.

끝없이 추락할 때

"모든 것이 산산이 부서지고
중심은 이제 버틸 수 없다"*

주님, 우리에게는 몰락이 익숙합니다.
삶의 중심을 대적하면서 우리 자신을 파괴합니다.
그렇게 우리의 삶은 끝없이 추락하는 것처럼
어둠의 심연에 삼켜지는 것처럼
살을 도려내는 바람을 맞으며,
성난 해일 앞에 서 있는 것처럼 보입니다.

하지만 주님,
당신은 언제나 우리와 함께하십니다.
당신은 우리 삶에 들어오십니다.
당신은 거친 파도를 꾸짖으시고
고함치는 무리를 잠잠하게 하시며

---

* 윌리엄 버틀러 예이츠William Butler Yeats의 시 '재림'the Second Coming 중

해와 달과 별에 명령하십니다

당신은 폭풍의 한가운데서도 안식을 창조하십니다.

주님, 우리의 중심이 되소서.

위험에 대해 거짓말하지 않게 하소서.

당신의 선한 질서에 저항하지 않게 하소서.

우리의 주님이 되소서.

약속하신 것처럼 우리의 주님이 되소서.

그러면 우리는 당신의 질서 안에서 평화를 누릴 것입니다.

만물을 하나로 묶어 붙드시는

한 분의 이름으로 기도합니다.

아멘.

수업 중 기도, 1998. 1. 8.

우리에게는 선택의 여지가 없습니다

우리는
당신께서 하신 경이롭고도 떨리는 활동이
우리의 오늘을 지탱함을 고백합니다.
우리에게는 선택의 여지가 없습니다.
당신께서 품은 뜻을 이루시기 위해
집요하게 움직이는 모습을 지켜볼 뿐입니다.

우리는 당신께서 하시는 일을 봅니다.
지으셨던 것을 무너뜨리시는 당신을 봅니다.
우리에게는 선택의 여지가 없습니다.
당신께서 우리의 오늘을 당신의 꿈으로 가득 채우시고,
당신의 나라를 상상하게 하시며
당신의 꿈으로 초대하시는 모습을 지켜볼 뿐입니다.
당신께서 우리와 함께할 때
우리는 두 가지 생각을 품습니다.
당신께서 멈추시는 것들을 우리는 중시하며,
당신께서 우리에게 원하시는 것들을 두려워합니다.

그러나 주님, 그럴지라도 우리는 당신의 백성입니다.

당신께서 하시는 경이롭고도 떨리는 활동을 통해

당신을 신뢰합니다.

우리의 머뭇거림을 제압하소서.

그리고 당신에게로 이끄소서.

정의로, 자비로, 평화로 우리를 이끄소서.

우리를 당신과 동행하게 하셔서

우리의 하루를 기쁨과 행복으로 가득 찬

새로운 날로 삼으소서.

당신의 결정적인 새로움을 보여주신

예수의 이름으로 기도합니다.

아멘.

로욜라 대학교, 바스티유 데이(프랑스 혁명 기념일),

1989. 7. 14.

진실을 말하면

우리는 매 순간 당신께서
우리와 함께하시기를 갈망합니다.
당신 안에서 안식을 얻을 때까지
우리 마음이 안식할 수 없음을 압니다.
우리는 사슴이 시냇물 바닥에서 물을 찾아 헐떡이듯
당신을 찾아 헤맵니다.
우리는 당신이 우리를 부르는 소리를 듣습니다.
"수고하며 무거운 짐을 진 사람은 모두 내게로 오너라…"

당신께로 가는 길은 순탄해 보입니다.
그러나 진실을 말하면,
우리가 언제나 당신만을 찾아 헤매지는 않습니다.
때로 우리는 안정된 삶을 좇습니다.
때로 우리는 섹스를 좇고 술과 스포츠에 열광합니다.
때로 우리는 권력과 성공을 좇습니다.
때로 우리는 아름다움과 타인의 인정을 좇습니다.

진실을 말하면,

우리는 당신께로 가는 길이

결코 순탄치 않음을 압니다.

남을 비방하지 않고 진실을 말하며

유혹을 거부하고 누구에게나 참된 이웃이 되어야

당신께 닿을 수 있음을 우리는 압니다.

주님, 우리는 매 순간 당신을 갈망합니다.

당신을 너무 쉽게 보거나 너무 어렵게 보면서 말이지요.

그리고 당신을 만나기 전까지

어찌할 바를 몰라 불안해합니다.

그러니 이전에도 그러셨으며, 언제나 그러하시듯이,

지금 우리에게 당신을 온전히 드러내소서.

아멘.

시편 15편, 24편 강독, 2001. 9. 19.

당신의 명령

주님,
당신은 우리에게 명령하십니다.
당신은 우리의 지휘관이십니다.
당신은 우리의 총사령관이십니다.
망설임 없이 우리는 당신의 명령에 순종하기 원합니다.

그러나 정작 당신께서 명령을 내리면
자주 우리는 이를 부모의 잔소리로,
선생의 훈화로, 가까운 사람이 우리에게 보내는 기대로,
교회에서 이따금 하는 죄책감을 불러일으키는 말들로
받아들이곤 합니다.
잔소리가 싫어, 훈화가 싫어,
기대에 부담스러워, 죄책감이 짜증이 나서
순종을 결심했던 우리는 어느새 분노로 가득 차 있습니다.

그때 당신은 우리에게 생명으로 가득한
말씀을 들려주십니다.
당신의 명령은 우리에게
온전한 선물임을 알려주십니다.

당신의 명령에,
기쁨으로 순종하신 예수께
이웃을 사랑하라는 당신의 새로운 명령에
진실로 감사드립니다.
기쁨으로 온전하게 그 명령을 따르겠습니다.
아멘.

구약학 수업, 1998. 10. 20.

권력을 묵상하며

권력은 기만하고 가식적이며 늘 과시합니다.
권력은 조종하고 통제하며 음흉한 속셈 투성이입니다.
우리는 권력을 탐합니다.
권력을 얻어 이득을 보려 합니다.
권력에 취해 황홀감을 느끼려 합니다.
그리고 또 다른 권력에 당할까 두려워합니다.

휘황찬란하고도 짜릿한 권력
그 아래에는, 이를 한 꺼풀 벗겨내면
폭력과 잔인함이, 탐욕과 공포와 시기가,
교활함과 파렴치함이 자리 잡고 있습니다.
그럼에도 우리는 권력을 탐합니다.

우리는 선조처럼 이중생활을 합니다.

겉으로는 주어진 지위와 역할을 수행하면서

안으로는 얄팍하고도 비열한 마음을 먹으며 살아갑니다.

우리는 둘을 하나로 모으지 못합니다.

하지만 우리는 당신이 모든 삶과 생명의

주님이심을 고백합니다.

경직된 공적 삶에 새로운 자유를 주소서.

내면의 숨겨진 삶에 새로운 정직함을 주소서.

우리의 잔인함과 탐욕, 두려움을 바로잡으소서.

우리가 감춘 악한 마음을 꾸짖으소서.

우리의 비열함을 질타하소서.

당신께서는 우리 모두 샬롬을 누리기를 바라는 분이시니

우리 모두를 샬롬의 사람으로 만드소서. 아멘.

사무엘하 3장 강독, 2000. 4. 18.

그런데도 늘 우리를 부르시는 주님

우리는 고백합니다.
당신께서 당신 손으로 빚으신
피조물을 부르고 모으시며
그들을 향한 계획을 갖고 계시며,
우리 인간을 당신의 뜻을 이루기 위한
도구로 삼으셨음을 믿습니다.

우리는 당신께서 우리를 부르는 모습을 상상합니다.
하지만 우리는 얼마나 기이한 존재인지요!
당신께서 부르셨지만, 우리는 늘 두려워합니다.
당신께 순종한다지만, 늘 제멋대로입니다.
당신께 헌신한다지만, 우리는 늘 딴청을 피웁니다.
우리 안에는 이런 마음이 뒤죽박죽 섞여 있습니다.
그런데도 늘 우리를 부르시는 당신께 감사드립니다.

부디 간구하오니

우리가 당신의 새로운 전망에 눈뜨게 하소서.

우리의 친구들에게 용기와 힘을 주소서.

모질고 험한 곳에서 당신을 찾는 이에게

참된 자유를 허락하소서.

당신의 부름에 답하기를 원합니다.

당신의 거대한 목적에 사로잡히기를 원합니다.

우리에게 간절한 그 이름, 예수의 이름으로 기도합니다.

아멘.

사무엘상 3장 강독, 2001. 2. 20.

우리가 아닌 당신의 뜻을 이루소서

우리의 기억에 당신은 자비로우시고 한결같으신 분,
우리가 의지할 반석, 우리와 함께,
우리를 위해 인내하는 분이십니다.

그때는 당신을 노래하는 소리가 멈추지 않았습니다.
하지만 오늘 우리가 만나는 당신은
어렵고 버거운 분입니다.
우리가 맘속으로 미리 정해놓은 죄목을 손쉽게 시인하면
당신은 우리가 감춘 우리의 허물을 하나둘 드러내십니다.
우리가 상상하는 우리의 모습과
우리의 실제 모습이 일치하지 않음을,
우리가 하는 말을 우리가 쫓아가지 못함을,
우리가 은밀하고도 철저하게
잔인과 폭력을 일삼는 체제에 얽매여 있음을,
게다가 우리가 여기서 벗어나고 싶어 하지 않음을
드러내십니다.

주님, 넋이 나간 우리를 용서하소서.

우리는 자신을 속이고 현혹하면서

헛된 곳을 찾아 집을 짓고 살아왔습니다.

참으로 오늘 우리가 만나는 당신은

자비로우시고 한결같으신 분, 우리가 의지할 반석,

우리와 함께, 우리를 위해 인내하는 분이십니다.

어둠 속에 몸을 감추고 있던 우리는

지금 우리에게 다가오시는 당신이

우리가 기억하는 당신이기를 간구합니다.

언제나 주님이셨던 주님, 오늘도 우리에게 주님이 되소서.

언제나 주님이셨던 주님,

우리가 상상하지도 못했던 모습으로 오소서.

우리가 꿈속에서도 하지 못했던 일들을 이루게 하소서.

자유롭게, 거리낌도 불안도 없이,

기쁨으로 순종케 하소서.

우리가 아닌 당신의 뜻을 이루소서.

아멘.

참회 시편(시 6, 32, 38, 51, 102, 130, 143)에 대하여, 2001. 10. 3.

우리가 차지하던 것을 베풀게 하소서

주님,
당신은 선한 것만 주는 분이십니다.
모든 선한 것은 하늘에서 내려옵니다.
해와 비, 낮과 밤, 정의와 공의...
당신은 굶주린 이에게 양식을, 뿌리는 자에게 씨앗을,
늙은이에게는 평화를, 젊은이에게는 힘을,
아이에게는 즐거움을 주십니다.

우리는 가져가는 사람입니다.
우리는 당신께서 주시는 것을 가져갑니다.
날마다 일용할 양식을 주시는 만큼,
우리가 필요한 만큼,
놀랍고 기쁜 마음으로 감사하며 가져갑니다.
그러다가 우리는 조금씩 더 가져갑니다.
필요한 것보다, 당신께서 주신 것보다,
이윽고 우리는 형제와 자매의 것을 빼앗고
가난하고 약한 이웃의 것을 빼앗습니다.

두렵기 때문에 가져가고

탐욕스럽기 때문에 빼앗습니다.

욕망으로 허기지고 돌봄을 모르기에 빼앗습니다.

주님, 우리의 두려움을 이기는 평화를 주셔서

우리의 탐욕에 종지부를 찍어주소서.

불안을 감싸는 안전을 주셔서

우리의 공포에 종지부를 찍어주소서.

갈증을 멈추는 풍요를 주셔서

우리의 이기심에 종지부를 찍어주소서.

우리가 차지하던 것을 베풀게 하소서.

우리는 늘 건네시며 주시는

당신의 형상을 따라 만들어졌습니다.

당신을 따라 베풀게 하소서.

감사하는 마음으로 주게 하소서.

풍요롭게 주게 하소서. 기쁨으로 주게 하소서.

모두를 위해 자신을 내어준 당신처럼 주게 하소서.

아멘.

사무엘상 8장 강독, 1999. 3. 9.

당신의 약속을 묵상하며

당신의 증인들은 당신의 약속이 이루어진다고 증언합니다. 그 약속이 새로운 이야기가 되어 우리 귀에 전해질 때, 우리는 당신의 약속에 깊이 빠지고 사로잡히게 됩니다.

우리가 태어나기 전부터 우리를 찾아오신 주님, 당신은 아브라함을 오랫동안 정처 없는 여행길로 이끄셨습니다. 사라에게 불가능한 일을 이루시겠다 약속하셨습니다. 믿지 못하는 그녀가 두 차례 웃게 하셨습니다. 당신은 그들이 새로운 땅을 희망하게 하셨습니다.

아브라함과 사라의 날부터 지금까지 당신은 그 누구도 상상할 수 없었던 후손과 나라와 미래와 가능성을 주고 계십니다. 우리는 이토록 놀라운 약속의 수신인이자 전달자입니다. 우리는 당신이 약속하신 선물과 기회와 소망을 엿볼 수 있는 경이로운 미래 가운데 오늘을 살아갑니다.

하지만 때로 당신의 약속은 공허하고 위험하며 불확실하

게 다가옵니다. 그래서 우리는 확실한 것들로 삶을 포장합니다. 약간의 거짓말과 속임수를 더해 보험을 하나둘씩 들어놓습니다. 그 결과 약속의 땅은 분쟁과 살육이 끊이지 않는 피의 골짜기가 되어버립니다. 약속의 음성은 희미해진 듯하고 우리는 홀로 남겨진 것만 같습니다.

주님, 오늘 이 기도를 들으시고 당신이 하고자 하는 바를 행하소서. 변함없이 신실한 주님의 약속처럼 우리의 믿음이 요동하지 않게 하소서. 보이는 것 너머의 꿈을 붙잡게 하소서. 당신의 약속에 웃기보다는 위험을 감내케 하소서. 이해타산을 따지지 않고 맡기는 법을 익히게 하소서. 성찬을 나눌 때 당신의 긍정에 속한 자유를 주소서. 육신을 입은 당신의 긍정, 감사하며 순종 가운데 당신을 따랐던 이의 이름으로 기도합니다. 아멘.

강의 '주님의 약속을 살펴 헤아리다', 2000. 7. 13.

당신으로, 당신의 방식으로 오소서

주님,
우리는 당신의 백성입니다.
이 고백이 불편하지는 않습니다.
당신이 우리의 어떤 범주에도 들어맞지 않는다는 것을
제외하면 말이지요.

그렇기에 우리는
당신을 밀고 당기고 뒤틀고 되돌려
우리가 원하는 모습에 맞추려 합니다.
그렇게 우리가 당신을 왜곡할 때
남는 것은 우리에게 잘 들어맞는 우상뿐입니다.
정직해질 수밖에 없는 고통과 슬픔의 시간에야
우리는 당신이 당신임에,
당신이 우리에 들어맞는 분이 아님에,
자유롭게 우리를 향해 오심에 위안을 얻고는 합니다.

그러니 신실하신 주님,

이 고통받는 세상에 당신으로, 당신의 방식으로 오소서.

우리의 모습으로 변하셨듯

이 세상을 당신의 형상처럼 변화시키소서.

고통 가운데 사랑의 표징이 되시는

예수의 이름으로 기도합니다.

아멘.

예레미야 4~6장 강독, 2000년

이제 모든 것을 털어놓습니다

주님,
당신은 우리의 모든 것을 알고 계십니다.
당신은 우리의 경건한 척하는 모습과
연기와 가식을 꿰뚫어 보십니다.
그럼에도 우리는 당신에게 무언가를 숨기려 합니다.
수치스럽고, 충격적이고, 위험한 비밀들을 만들어냅니다.
그리고 이를 너무나도 소중히 여깁니다.

하루를 시작하며 당신께 고백합니다.
우리의 진실을 보시고 아시는 주님,
숨고 감추기 좋아하는 우리에게는 당신이 꼭 필요합니다.
우리는 하지 말아야 할 일을 하며
해야 할 일을 하지 않습니다.
이를 구체적으로 나열하면 하루도 모자랍니다.
그리고 그 저변에는 더 위험하고 수치스러운
우리의 모습이 있습니다.
완고한 신앙 아래는 조급함이,

분주한 헌신 아래는 냉소가,

감사 아래는 당신의 인색함에 대한 원망이,

무수한 기도 아래는 당신의 부재,

무관심에 대한 의혹이 자리하고 있습니다.

우리의 헌신을 외면하신다고 생각할 때마다,

사랑을 경험하지 못하고 소외당하는 이웃을 볼 때마다,

공동체가 외로움을 해결해주지 못한다 생각할 때마다,

당신께서 응답하지 않으시는 것 같은

이 세상의 모든 복잡한 문제들을 마주할 때마다,

우리는 당신께 실망하고

이는 영혼 깊은 곳에 새겨집니다.

물론 우리는 기도할 것입니다.

그러나 이제 당신은 아십니다.

우리 안에는 온갖 질문과 의혹이 남아 있음을.

물론 우리는 기도할 것입니다.

당신께서 성금요일에 몸소 보이신

정직과 용기에 기대어 기도합니다.

아멘.

> 강의 '주님께 반론하는 증언에 대하여', 2000. 7. 20.

오늘과 같은 날에도

주님,

우리는 당신의 주권에 대해 횡설수설하기를 좋아합니다.

특히 칼뱅주의자라면 시간이 가는지도 모르고

당신의 주권을 들먹입니다.[*]

모든 것이 합력하여 선을 이룰 것이라고,

당신은 우리를 세심히 보살피시며

그침 없이 자비를 베푸신다고 넉살 좋게 이야기합니다.

하지만,

우리가 지닌 특전이 광기 어린 폭력에 의해 부서지면,

행복에 대한 환상이 깨지면,

생명 연장의 꿈이 죽음에 의해 박살 나면,

용광로와도 같은 파괴의 연기와 불을 마주하면,

더는 당신의 주권을 이야기하지 않게 됩니다.

---

* 월터 브루그만은 개혁교회 전통에서 파생한 미국 연합 그리스도의 교회United Church of Christ, UCC 교단 소속 목사이기도 하다.

그때 우리는 어찌할 바를 몰라

불안과 두려움에 떨고 있다가

오래전 시인들의 운율에 맞추어

당신의 신실함과 공의를 찬양한 노래 속으로 들어갑니다.

정의와 심판이 울려 퍼지는 소리와,

소돔과 고모라가 불타는 장면과,

배우자와 부모를 잃어버린 이들을 향한

당신의 명령을 기억하며 노래합니다.

오늘처럼 당신의 주권에 기대고 싶은 날에도,

당신이 친구일 뿐 아니라 주님이라는 사실에,

밝히 드러내실 뿐만 아니라 숨어 계신다는 사실에,

우리를 위로하시지만 침묵하신다는 사실에

새삼 놀라워하고 두려워합니다.

당신을 우리에게서 밀어내려 합니다.

그러나, 주님 고백하건대 당신은 우리 주님이십니다.

그것만으로 족하다고 되뇌며 당신께 간신히 매달립니다…

상한 육체였던 예수의 이름으로 기도합니다. 아멘.

이사야 1장 강독, 2001. 9. 11.(9.11 테러 사건이 일어난 날)

신실하신 주님,이 고통받는 세상에 당신으로,
당신의 방식으로 오소서.우리의 모습으로 변하셨듯
이 세상을 당신의 형상처럼 변화시키소서.

때때로 당신은
숨어 계십니다

때때로 당신은 숨어 계십니다

주님, 모든 힘과 존귀와 영광을 받으소서.
하지만 때때로 당신은 숨어 계십니다.
침묵하십니다. 부재하시고 아무런 답도 없으십니다.

우리는 너무나 많은 특권을 누리고 있기에
당신의 부재를 거의 경험하지 않습니다.
하지만 이 세상에는 당신의 부재를 자주 경험하는 이들이
있음을 압니다.
당신이 계시지 않는 것 같은 곳이 있음을 압니다.
우리는 당신이 패배했다고 상상합니다.
당신이 무력하다고 상상합니다.
당신이 포로로 잡혀 있다고 상상합니다.
그리고 우리는 하루, 이틀을 기다립니다.
사흘이 되면, 아마도, 그날이 오면
당신은 영광 가운데 오실 것입니다.
그렇기에 우리는 당신의 부재에 맞서,
침묵에 맞서, 숨어 계심에 맞서 기도합니다.

죽음의 그늘이 드리운 곳에 당신의 권능을 두르고 오소서.
그날이 오면 우리는 당신을 온 마음과 정성을 다해 찬양할
것입니다. 아멘.

사무엘상 5장 강독, 2001. 2. 22.

고통받는 자매들을 기억하소서

주님, 고통받는 여인들이 있습니다.
절망에 빠져 아무것도 먹지 않고
무력감에 괴로워 눈물 흘리며
입술은 떨리고 무언가를 요구할 힘마저
잃어가고 있습니다.

불쌍하고 안타까운 여인들입니다.
절망에 빠져 아무것도 먹지 않고
무력감에 괴로워 눈물 흘리며
입술은 떨리고 무언가를 요구할 힘마저
잃어가고 있습니다.

감히 진실을 말하자면
우리 또한 그들과 함께 있습니다.
우리 또한 절망에 빠져 아무것도 먹지 않고
무력감에 괴로워 눈물 흘리며
입술은 떨리고 무언가를 요구할 힘마저
잃어가고 있습니다.

여인들은 당신을 기다립니다.
우리 또한 그들 곁에서 당신을 기다립니다.
당신은 평화를 전하시는 분,
세상을 새롭게 하시는 분이십니다.

오늘, 우리는 절망하는 가운데 소망합니다.
고통받는 모든 여인과 우리가
해가 저물기 전 먹고 쉼을 누리며
당신을 찬양하고 평화를 누리게 하소서.
지금은 다만 당신을 기다릴 뿐입니다.
아멘.

사무엘상 1장 9~28절 강독, 2001. 2. 8.

새로움이 아직 깃들지 않은 곳에

만물을 새롭게 하시는 주님,
우리는 기쁨으로 입을 열고 소리를 높여
당신이 주시는 형언할 수 없는 새로움을
고백하고 기념하며 선언합니다.

우리는 동시에, 새롭게 하시는 당신이 보이지 않은 곳,
새로움이 아직 깃들지 않은 곳이 어디인지 되새겨 봅니다.
당신의 새로움과 연결되지 않은 것처럼 보이는
어둠만이 가득한, 비참한 곳들이 있습니다.

병든 이들이 있습니다. 고통받는 이들이 있습니다.
거동이 불편한 이들이 있습니다.
생활이 어려운 이들이 있습니다.
이들에게 새로움은 아직 깃들지 않았습니다.

가난한 이들이 있습니다. 노숙하는 이들이 있습니다.
굶주린 이들이 있습니다.

이들에게 새로움은 아직 깃들지 않았습니다.

당신을 찬양하는 우리의 노래와
고통을 마주한 우리의 마음을 일치시켜 주소서.
우리의 입술이 당신의 새로움을 맛보게 하소서.
우리 가운데 은밀하게 오셔서 우리가 알지 못하는 방식,
우리에게 낯설고 신비로운 방식으로
당신의 새로움을 비추소서.
육신을 입은 당신의 새로움, 예수에게로 우리를 이끄소서.
약함을 통하여 새로운 강함을 세우시며
어리석음을 통하여 새로운 지혜를 알리소서.
우리의 손을 잡으소서.
우리가 알고 있던 괴로움과 고통으로부터
그리스도의 고난에 닿게 하소서.
이것이 우리의 삶을 새롭게 하시는
당신의 기이한 은혜임을 믿습니다.
고난으로 새로움을 빚어내신
예수의 이름으로 기도합니다. 아멘.

시편 수업, 1999. 1. 21.

수많은 순간에 숨어 계신 분이시여

수많은 순간에 숨어 계신 분이시여,
치유의 순간에, 해방의 순간에,
돌봄의 순간에, 용서의 순간에,
여러 새로움이 일어나는 순간에,
보이지 않는 당신이 계심을 고백합니다.

우리는 당신을 보지 못합니다.
그러나 우리는 감히 당신을 부릅니다.
당신을 아버지라고, 어머니라고,
주님이라고, 구원자라고 부릅니다.
만물을 사랑하시는 분,
만물에게 자신을 내어주시는 분이라고
당신을 찬양합니다.
용기를 내 당신에게 이름을 붙일 때,
저 모든 순간에,
우리는 당신이 우리 너머 계신 분임을,
우리가 정의할 수 없는 분임을,

숨어 계신 분임을,
당신과 관련해 우리가 붙인 모든 딱지를
거부하는 분임을 깨닫습니다.

당신은
숨어 계신 가운데 당신을 알리십니다.
고난 가운데 당신의 능력을 알리십니다.
상처 가운데 당신의 온전함을 알리십니다.
그러기에 우리는 기쁨으로 고백합니다.
우리는, 그리고 우리의 모든 것은 당신의 것입니다.
아멘.

구약학 수업, 1998. 12. 8.

우리의 이야기 가운데

거룩하신 주님,
만물을 다스리시며 신실하시며 너그러우신 주님,
새벽이 밝아올 때 우리는
당신이 그러한 분임을 알고 또 단언합니다.
하지만 우리가 읽는 이 오래된 기록들은
당신의 거룩함, 당신의 다스림,
당신의 신실함, 당신의 너그러움이
그치지 않는 폭력의 이야기 가운데,
전쟁과 약탈과 강간과 근친상간과
기만과 죽음 가운데 드러남을 보여줍니다.
당신은 그 고통 가운데 은밀히 일하고 계십니다.
오늘 우리의 이야기 역시 저 이야기와 다르지 않습니다.
어디든 폭력이 가득합니다.
오직 당신만이 거룩하십니다.
만물을 다스리시고 신실하시며 너그러우십니다.

거룩하시고 열방을 다스리시며 자비로우신 주님,

당신이 계십니다.

그렇기에 우리는 오늘도 이어지고 있는

폭력과 고통의 이야기 가운데

당신이 은밀히 일하고 계심을 믿습니다.

당신의 선한 뜻을 행하소서.

우리에게 눈을 주셔서

이곳에서 드러나는 당신의 모습을 보게 하소서.

우리에게 믿음을 주셔서

숨은 채 활동하시는 당신을 신뢰하게 하소서.

우리에게 용기를 주셔서

우리가 당신을 못 본다 할지라도 당신께 순종케 하소서.

우리의 모든 비참한 이야기가 틀렸음을 보여준

예수 그리스도 이름으로 기도합니다.

아멘.

사무엘상·하 강독, 2000. 10. 4.

우리의 이야기는

성서 이야기는
굶주리고 목마르며 두렵고 노여워하며
절망적인 날들로 가득합니다.
그리고는 당신께서 주시는 양식과 물,
현존을 이야기합니다.

우리는 이야기를 들으며
우리 삶과 당신 사이의 먼 거리를 느낍니다.
우리와 우리가 사랑하는 공동체 모두
정처 없이 황무지를 걷는 것만 같습니다.
우리의 지식과 우리의 부는
이 황무지의 갈증을 치료하지 못합니다.
결국 우리는 당신께 돌아갑니다.
당신에게 치유를 부탁하려 합니다.
그 길에서 우리는 머리를 둘 곳 없이
황무지에서 밤을 지새우는 한 사람을 만납니다.

주님,

우리는 용기를 모아 당신의 은총을 구하고

지금 이곳에 당신이 함께하기를 기도합니다.

그리고 우리는 인생의 갈증과 배고픔과

떨쳐낼 수 없는 공허함과 부재를 떠안기로 결단합니다.

당신이 우리와 함께하든 함께하지 않든

당신의 길을 걷겠다고 결단합니다.

주님, 우리를 인도하소서. 아멘.

1994년

굳게 닫힌 하늘을 바라보면서

우리의 모든 시간을 주관하시는 주님,
우리는 우리가 태어난 순간부터
당신을 믿고 의지하는 것이 평생의 과업임을 깨닫습니다.

상황에 연연하지 않고 당신을 신뢰하며,
당신이 우리를 떠나시더라도 돌아오시며,
행방이 묘연하실 때도 우리와 함께하심을,
당신의 침묵은 외면이 아니라
주의 깊은 관찰임을 믿는 것.
영원한 당신의 신실하심 가운데 모든 것이 잘 될 것이고
진실로 모든 것이 잘 되리라고 믿는 것이
우리의 과제임을 압니다.

우리는 당신을 신뢰합니다.
우리는 당신의 이름을 따라 불리고
당신을 섬기는 삶 속에서 하나가 됩니다.
우리는 당신을 찬양하며

당신을 신실하게 따랐던 이들을 기억합니다.

그러나 주님,
당신을 신뢰하기란 결코 쉬운 일이 아닙니다.
우리는 굳게 닫힌 하늘을 바라보면서 기도합니다.
우리의 희망은 기계적인 도식과 답안으로 바뀝니다.
간절한 기도는 어느새 소망이 아닌 습관이 되어버립니다.
우리의 중보는 그저 우리가 선한 척하는 행동이 됩니다.

우리는 당신이 침묵한다고 여깁니다.
당신이 부재한다고 여깁니다.
당신이 무관심하다고 여깁니다.
당신이 늑장을 부린다고 여깁니다.
그래서 우리는 당신이 아닌 신들을 찾습니다.
좀 더 쉬운 방법으로 섬길 수 있는,
그리하여 사실상 우리 자신을 섬기는 길을 택합니다.
이런 우리에게 당신은 몸소 고통을 겪으시고
죽기까지 하십니다.

주님, 당신을 향한 열정을 새롭게 하소서.

당신을 향한 우리의 충성을 새롭게 하소서.

우리에게 용기와 기운과 자유를 주소서.

기쁨과 확신 안에서 당신을 기다리게 하시며,

기다리면서 당신의 너그러운

자비와 용서의 길을 따르게 하소서.

끝까지 아버지를 신뢰했고,

우리가 끝까지 의지할 수 있는

예수의 이름으로 기도합니다.

아멘.

예레미야 17:5~11 강독, 2001. 10. 26.

주님, 당신을 향한 열정을 새롭게 하소서.
당신을 향한 우리의 충성을 새롭게 하소서.

우리는 들을 준비가
되어 있습니다

우리는 들을 준비가 되어 있습니다

전능한 치유자이신 주님,

당신의 말씀을 듣지 않으려는

우리의 귀를 변화시켜 주소서.

피로와 냉소로 겹겹이 쌓인 마음의 벽을 허물어 주소서.

우리의 갈망을 당신의 말씀으로 채우소서.

온 생명에게 내쉬는 당신의 숨으로

우리를 당신께로 이끄소서.

우리는 들을 준비가 되어 있습니다.

아멘.

말씀을 묵상하며, 1992. 7. 9.

분명한 목소리로 명령하소서

우리는 막사를 찾은 사령관처럼
당신이 이 세계에 들어오시는 모습을 상상합니다.
아침마다 해를 부르시는 모습을 상상합니다.
하늘에 빛을 수놓으시는 모습을 상상합니다.
바다가 물러가도록 명령하시는 모습을 상상합니다.
이스라엘 민족을 향해 "내 백성이 되어라"
말씀하시는 모습을 상상합니다.
교회를 향해 "나를 따르라"고
말씀하시는 모습을 상상합니다.

우리에게, 우리 한 사람 한 사람에게
매일 지시사항을 전달하시는 모습을 상상합니다.
우리는 당신이 우리와 함께하시는 모습을 상상합니다.
하지만 다른 명령들과 규범들이,
다른 이상과 과제들이, 말라비틀어진 꿈들이
당신의 명령을 듣지 못하게 합니다.
가까워지는 당신의 발걸음을 알아차리지 못하게 합니다.

주님, 분명한 목소리로 우리에게 명령하소서.

당신이 우리에게 요구하시는 멍에는 편하고

당신이 지우는 짐은 가볍다는 것을 알고 있습니다.

당신의 기쁜 소식을 들을 수 있는 귀를 주소서.

당신의 기쁜 소식을 받아들일 수 있는 마음을 주소서.

당신의 명령을 따를 수 있는 발을 주소서. 아멘.

여름 계절 학기, 1998. 7. 14.

귀가 있어도 듣지 못하는

귀가 있어도 듣지 못하는 우상은

성심껏 들으시는 주님과 얼마나 다르며,

듣지 못하는 우리와 얼마나 비슷한지요.

당신은 늘 우리를 부르십니다.

"이스라엘아, 들으라."

"내 말을 들으라."

"귀를 기울여 내 소리를 들으라."

"주의 깊게 내가 하는 말을 들어라."

"너희의 길을 돌이켜 나를 따르고 내 말을 따르거라."

그러나 자신에게 도취된 우리는,

고집 많은 우리는,

당신에게서 떠난 우리에게는

당신의 음성이 들리지 않습니다.

주님, 우리의 막힌 귀를 뚫어주소서.

당신의 음성을 듣게 하소서.

당신의 말씀을 놓치지 않게 하소서.

할례받은 귀를 허락하소서.

우리의 이름을 불러 우리가 당신을 알게 하소서.

우리를 당신께로 부르셔서 우리가 살게 하소서.

우리를 세상으로 부르셔서 우리가 보살피게 하소서.

우리가 위험을 감내케 하셔서

우리가 아닌 당신을 붙잡게 하소서.

당신이 말씀하시고 우리가 들으면

당신은 우리에게 생명을 주십니다.
우리가 구하거나 생각하는 것보다
훨씬 더 풍성한 삶을 주십니다.
우리의 귀는 바로 그 생명의 말씀을 듣기 위해 있습니다.
아멘.

예레미야 10:1~16 강독, 2000. 3. 23.

진리와 신실함 안에서 주님을 더욱 알게 하소서

당신은 모든 진리의 주님,
깊이 감추어진 모든 비밀의 주님이십니다.

당신은 숨어 계신 모습으로
당신을 드러내십니다.
당신은 당신을 드러내시는 가운데
당신을 숨기십니다.
이를 통해 우리는 당신의 선함과 자비를,
당신의 거대한 목적과 시간을 넘어선 꿈을

더 잘 알게 됩니다.

당신이 우리와 함께하실 때
우리는 우리 자신에 대해,
우리의 관심사에 대해,
우리의 욕망에 대해,
우리의 두려움에 대해
얼마나 모르고 있는지를 깨닫습니다.

당신의 진리를 통해 당신을 더 잘 알게 하소서.
그만큼 우리 자신에 대해 잘 알게 하소서.

우리가 당신을 온전히 볼 수 있는 곳,
그리하여 우리 자신을 온전히 볼 수 있는 자리인
예수의 이름으로 기도합니다.
아멘.

구약학 수업, 1998. 9. 29.

우리의 귀를 새롭게 하소서

주님,
우리는 당신의 음성을 들으려 하지 않습니다.
당신은 우리에게 고통과 죽음을 이야기하기 때문입니다.
대신 우리는 권력과 능력과 성공을
속삭이는 소리를 듣기 위해 신경을 곤두세웁니다.
그러나 주님,
당신의 음성은 생명을 주는 음성이며
절망에 빠진 이들에게 미래를 열어주는
음성임을 알고 있습니다.
우리 또한 절망에 빠진 이들입니다.
세상의 음성에 정신과 마음을 갉아먹힌,
몸이 굳고 귀가 막혀버린 이들입니다.

그러니 주님, 우리의 귀를 새롭게 하소서.
더 많은 음성을 들려주소서.
생명을 주는 음성과 죽음을 주는 음성을
분별할 수 있게 하소서.

헤아릴 수 없는 당신의 말씀을 우리에게 전하신
예수의 이름으로 기도합니다.
아멘.

1976. 10. 1.

듣게 하소서

우리의 삶은 소음에 점령당했습니다.
수많은 소리가 불협화음을 이루며
우리를 혼란스럽게 합니다.
낮에는 불안하고 초조한 마음으로
목표와 계획과 일에 사로잡혀
당신의 음성을 들으려 하지 않습니다.
밤이 되면 부모와 친구와 동료와
애완동물의 음성들에 휩싸여
당신의 소리를 분별해내지 못합니다.
당신은 우리를 당신의 음성을 듣는
백성으로 부르셨습니다.

그렇기에 우리는 듣는 사람입니다.

그러나 우리는 잘 듣지 못합니다.
그러니 주님,
해가 질 때나, 새로운 해가 뜰 때나,
밤이나 낮이나 우리에게 말씀하소서.
우리를 둘러싼 소음들 너머 당신의 말씀을 듣게 하소서.
당신의 말씀을 통해 우리는
가보지 못한 곳에 갈 수 있게 됩니다.
그것만이 우리의 유일한 희망입니다.
그러니 당신의 말씀을 들을 수 있는 귀를 허락하소서.
아멘.

사무엘상 2~3장을 읽기 전에, 2000년

사로잡히게 하소서

우리가 성서라는 세계로 나아갈 때,
우리는 이곳에 처음 도착한 사람이 아님을 고백합니다.

이곳에는 이미 수많은 깃발이 꽂혀있습니다.

우리는 이곳에서 혼자가 아닙니다.

수많은 증인이 여기서 우리를 기다리고 있습니다.

성서에 나온 용감한 당신의 백성,

예언자, 사도, 성인, 순교자를 알려주심에

당신께 감사드립니다.

이들은 우리에게 무척 친숙합니다.

그러나 우리가 천천히 기도하면

우리는 성서 본문과 그 주변을 돌아다니는 이들을

다시금 새롭게 만나게 됩니다.

위험을 무릅쓰고 진리를 전했던

고대와 현재의 예언자들과

꺾이지 않는 용기와 열정을 가지고 나아갔던

이전과 지금의 사도들과

성서가 비추는 당신의 나라를

일편단심으로 따른 어제와 오늘의 성인들과

성서가 이야기하는 진리를 전하면서

고난받고 죽은 모든 순교자들…

우리는 이들의 상속자이자 자손이자 계승자입니다.

주님, 우리가 이들 무리에 들어갈 수 있는 자유를 주소서.

본문이 전하는 바에 헌신했던

그들의 순수함을 허락하소서.

그리고 그 무엇보다,

그들의 삶을 사로잡았던 은총을 주소서.

그들처럼 성서에 사로잡히게 하소서.

그들처럼 당신의 새로움에 사로잡히게 하소서.

우리를 언제나 새롭게 매혹하는

예수의 이름으로 기도합니다.

아멘.

여름 계절 학기 두 번째 수업, 2000. 7. 11.

우리의 눈과 귀와 마음을

주님,

때때로 그런 생각이 듭니다.

당신이 우리에게 볼 수 없는 눈을 주시고,

듣지 못하는 귀를 주시고,

느끼지 못하는 마음을 주신 것은 아닌가 의심합니다.

그러니 주님,

오늘 우리의 귀에 임하소서.

우리의 귀를 정결하게 해주시고

우리의 귀에 할례를 해주소서.

그리하여 당신이 행하시는 죽음과 생명의 역사에

귀를 쫑긋 세우게 하소서.

우리가 안전한 중간지대에,

미지근한 곳에, 삶의 표면에 살지 않게 하소서.

우리가 당신이 역사하시는 삶의

가장자리와 최전선으로 향하게 하소서.

죽음으로 세상을 뒤흔든 금요일과

부활로 세상을 새롭게 한 일요일을 기억합니다.

기도하오니 우리의 눈과 귀와 마음을 토요일에 두셔서

금요일을 기억하며 일요일을 기다리게 하소서.

금요일에 돌아가셨고 일요일을 기다리셨던

예수 이름으로 기도합니다.

아멘.

사무엘상 13장을 읽기 전에, 2000년

우리라는 장벽을 넘어

주님, 당신은 엄격하십니다.

우리를 묵살하시고 심판하시며 악을 저주하십니다.

동시에 주님,

당신은 자비로 우리를 찾으시고

생명을 주려 하시며 새로운 세상을 바라십니다.

당신은 언제나 우리에게 오셔서 우리와 함께 우십니다.

엄격하고도 자비로운 주님,

당신은 우리를 혼란에 빠뜨리시고

삶의 균형을 깨뜨리십니다.

당신은 한결같으시지만

이랬다저랬다 하는 우리 때문에

늘 극단적인 모습으로, 광기 어린 모습으로,

자신을 감춘 모습으로 나타나십니다.

변덕스러움과 방종과 냉랭함 속에서

우리는 당신을 올바르게 대한다고 상상하지만,

당신은 그런 우리, 공허한 실패 가운데

허우적거리는 우리를 보며
현기증을 느끼실지도 모르겠습니다.

아마도 질린 표정으로 우릴 바라보실 당신께 간구합니다.
우리라는 장벽을 넘어
우리 삶에 정의와 사랑의 균형을 회복해주소서.
부드러운 음성으로 우리를 부르소서.
당신의 손을 잡고 집으로 돌아갈 때까지
우리를 기다려주소서.

우리는 당신의 부름을 갈망하면서
동시에 당신의 음성을 들을까 두려워합니다.
당신의 음성을 듣는다면 우리는 그 음성을 따라
안개 속에 놓인, 험하고 어려운
자비와 용서의 길을 걸어가야 하기 때문입니다.
애타게 원하지만, 내딛기를 주저하는,
간절히 머무르고 싶지만 도망가고 싶은,
당장 시작하고 싶지만 생각하기도 싫은 그 여정 말입니다.

한결같은 주님, 우리에게 손을 내밀어 주소서.

우리에게 새로운 마음과 의지를 주셔서
당신을 향한 찬양과 신뢰와 순종이 요동치게 하소서.
우리의 모든 마음과 모든 생각과
모든 힘과 뜻이 당신을 향하게 하소서.
우리 자신의 모든 것을,
우리의 진실된 모습까지도 당신께 드리게 하소서.
한결같이 우리를 원하시는 예수의 이름으로 기도합니다.
아멘.

예레미야 3:1~4:4 강독, 2001. 10. 23.

우리는 변하기 원합니다

거룩하신 주님,
이 귀한 시간 우리는 잠시 하던 일을 멈추고
당신의 말씀을 듣고자 여기 모였습니다.

그러기 위해서 우리는
일상의 일과 헛된 망상에서 벗어나야 합니다.

우리를 얼어붙게 만드는 두려움과
우리를 집어삼키는 야망에서 벗어나야 합니다.
이 순간, 당신의 말씀을 듣지 못하게 하는
모든 것으로부터 우리를 해방시켜 주소서.
지금 우리는 당신께 집중하기 원합니다.
지금 우리는 당신의 음성을 듣기 원합니다.
지금 우리는 변하기 원합니다. 아멘.

남아프리카공화국 프리토리아에서, 1996. 8.

다시금 우리에게 말씀을

주님, 당신은 말씀을 새기시는 분입니다.
말씀을 주시는 분입니다. 말씀을 이루시는 분입니다.
당신이 말씀을 새기심으로써, 말씀을 주심으로써,
말씀을 이루심으로써, 우리는 우리 자신을 알게 됩니다.

그렇기에
우리는 당신이, 당신의 영으로

다시금 우리에게 당신의 말씀을 새겨주시기를 바랍니다.

우리의 얕은 사랑에서 벗어나

당신의 압도적인 사랑에 잠기도록

다시금 우리에게 말씀을 새겨주소서.

금방 끓어오르고 또 식는 분노에서 벗어나

진리를 말하는 당신의 자유에 동참하도록

다시금 우리에게 말씀을 새겨주소서.

우리의 말라비틀어진 희망에서 벗어나

거대한 파도와도 같은 당신의 약속에 들어가도록

다시금 우리에게 말씀을 새겨주소서.

말씀을 듣는 귀와, 말씀을 받는 손과,

말씀에 반응하는 마음을 주소서.

기쁨과 순종 가운데, 위험과 감사 가운데

당신의 자유로운 협력자가 되도록

다시금 우리에게 말씀을 새겨주소서.

바람과도 같은 성령으로

다시금 우리에게 말씀을 새겨주소서. 아멘.

몬트리트 컨퍼런스에서, 2000. 5. 30.

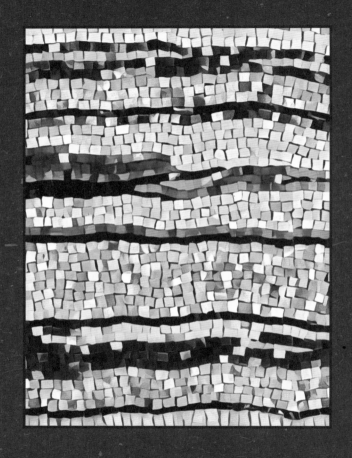

말씀을 듣는 귀와, 말씀을 받는 손과,
말씀에 반응하는 마음을 주소서.

성서를 읽으면서
드리는 기도

책 밖으로 나와 우리에게 오소서

이 학기 우리는 독자였고, 학생이었고,
학자였으며, 연구자였고, 교수였습니다.
이 학기 우리는 쾌적한 강의실에서 수많은 책에 둘러싸여
때로는 영양가 있는 음식과 휴식을 누리며
아주 약간의 불안만을 가진 채 공부할 수 있었습니다.
우리는 느긋하게 앉아
당신이 이 구절에서 다른 구절로 움직이시는 것을 보았고
단어들을 어떻게 쓰시는지를 보았습니다.
당신이 침묵하신 부분의 의미를 생각해 보았습니다.
이제는 학생도 교수도 아닌 기도하는 사람으로서
당신께 아룁니다.

우리의 주권자이신 주님, 책 밖으로 나오소서.
책 밖으로 나와 분쟁과 갈등의 장에 임하소서.
책 밖으로 나와 고통으로 신음하는 온갖 병동에 임하소서.
책 밖으로 나와 방향을 잃은 교회들에 임하소서.
책 밖으로 나와 폭력에 노출된 이들에게 임하소서.

책 밖으로 나와 학대받는 아이들에게 임하소서.

그들의 신음과 울음을 들으소서.

책 밖으로 나와 이 세계에 임하소서.

책 밖으로 나와 충돌 가운데 임하소서.

책 밖으로 나와 혼란 가운데 있는

당신의 피조물들에게 임하소서.

보소서, 들어주소서, 알아주소서, 기억해주소서.

속히 우리에게 오소서.

당신의 피조물인 우리는

당신의 품에 안기기 전까지

결코 안식을 얻을 수 없습니다.

성금요일을 이루신다면

당신의 세상은 부활을 맛보게 될 것입니다.

책 밖으로 나와 우리에게 오소서.

아멘.

구약학 박사과정 세미나를 마치며, 2000. 7. 14.

수업을 시작하며

우리에게 삶을 허락하신 주님,
모든 세월과 시간을 다스리시는 주님,
삶의 모든 시작을,
그리고 이 수업의 시작을 허락해주심에 감사드립니다.
수업을 시작하며 우리에게 필요한 힘과 자유와 용기를
당신의 은총과 함께 간구합니다.

우리는 미지의 땅을 처음 걸어가는
모험가가 아님을 고백합니다.
우리 앞에는 수많은 어머니와 아버지들이,
선생과 목회자들이,
무수한 저작과 지식을 남긴 학자들이,
엄청난 위험을 감내했던
열정적인 신앙인들이 있었습니다.
이들 덕분에 우리는 당신에 관한
본문을 읽을 수 있습니다.
그리고 그들 앞에는 당신이,

지혜와 영광으로 가득한 당신이,

권능과 사랑으로 가득한 당신이 계셨습니다.

무수한 증인들과 함께 하는 가운데

우리는 오늘 또 다른 여정을 시작하려 합니다.

당신에게서 나와 당신 안에서,

당신으로 향하는 여정을 시작하려 합니다.

우리의 활동과 공부가 우리에게 삶을 허락하시고

모든 세월과 시간을 다스리시는

당신을 향한 찬양이 되게 하소서.

아멘.

구약학 개강일, 1998. 9. 10.

당신의 말씀이 우리를 찾아옵니다

우리는 떡과 **빵**으로만, 밥으로만,

돈으로만 살려고 발버둥 칩니다.

그때 당신의 말씀이 우리를 찾아옵니다.

말씀을 듣는 우리는

당신의 입에서 나오는 모든 말씀,

당신의 약속과 선물로, 당신의 축복과 저주로,

당신의 부름과 명령으로,

당신의 위로와 요구로 산다는 것을 다시 마음에 새깁니다.

주님, 우리의 특권적인 삶을 채우는

떡과 빵과 밥과 돈을 주셔서 감사합니다.

우리가 당신의 선물들을 취할 때마다

우리의 귀를 여셔서 지혜롭게 듣게 하시고,

우리의 입에 절제를 주셔서 헛된 말을 삼가게 하소서.

우리에게 열린 마음을 주셔서

당신의 말씀을 받아들이게 하소서.

생명의 양식이시며

육신을 입은 말씀인 그분의 이름으로 기도합니다.

아멘.

구약학 수업, 1998. 9. 24.

우리는 당신을 연구하려 합니다

우리 부모는 오래전부터

당신의 이야기를 들려주었습니다.

이제 우리는 그들이 이야기해주었던

이 오래된 책을 앞에 두고 있습니다.

주님, 우리는 당신을 연구하려 합니다.

그러기 위해 당신을 연구 대상으로 삼아

책의 내용을 살피고, 검증하고,

여러모로 뜯어보고 따집니다.

그리고 이를 얼마나 잘했는지 평가합니다.

하지만 당신이 연구 대상이 되는 것은 일시적인 일입니다.

우리가 살피고, 검증하고,

뜯어보고, 따져서 알게 되는 것은

당신의 일부에 불과합니다.

언제나 그러하셨듯

당신께서는 상황을 역전시키십니다.

당신은 대상이 아니라 주체로,

우리에게 명령을 내리시는 주권자로,

자녀를 사랑으로 품는 어버이로,

고향을 지키는 용감한 전사로

당신을 드러내십니다.

그리하여 우리의 공부는

당신을 향한 찬양과 예배로 변합니다.

우리는 우리의 머리와 가슴을 바쳐

당신을 사랑할 자유를 원합니다.

당신이 우리를 아시듯

우리도 조금이나마 당신을 알기 원합니다.

그러한 가운데 당신을 더 사랑하고 예배하기를,

당신에게 순종하기를 원합니다.

그렇게 기쁨으로 당신을 찬양하기를 원합니다.

아멘.

구약학 수업 첫날, 2001. 2. 6.

기다리는 동안 우는 법을 가르쳐 주소서

우리는 새롭게 학기를 시작합니다.

그러나 우리의 행실과 마음은 깨끗하지 않고

성서에서 예언자는 울고 있습니다.

우리는 새롭게 학기를 시작합니다.

오늘날 세계는 흉흉하기만 합니다.

전쟁과 참상의 소문으로 가득하지만

우리는 피해자가 아니라 수혜자입니다.

여성에 대한 폭력이 만연하고,

사회적 약자를 향한 폭력이 만연하고,

용서를 거부하는 폭력이 만연한 세상에서

우리는 가해자이자 피해자로 살아갑니다.

제도로서 민주주의가 정착되었다지만

진지한 고민은 보이지 않습니다.

어떤 일이 생겨도 별다른 경각심을 갖지 않습니다.

이러한 세상에 두려움이 만연하고

절망이 휘몰아치며 울음이 그치지 않는 것은

어쩌면 전혀 놀랍지 않은 일입니다.

주님, 이토록 나약한 우리가 당신을 바라봅니다.

당신을 기다립니다.

기다리는 동안 우는 법을 가르쳐 주소서.

우는 동안 소망하는 법을 가르쳐 주소서.

소망하는 동안 돌보는 법을 가르쳐 주소서.

이 오래되었으나 지금도 신비롭게 생생하게

살아 숨 쉬는 본문을 통해

우리에게 가르쳐 주소서. 아멘.

예레미야를 읽으며, 2000. 2. 1.

말씀으로 세상을 지으신 당신께

빛에서 빛으로, 혼돈에서 창조로,

죽음에서 삶으로, 슬픔에서 기쁨으로,

절망에서 희망으로, 혐오에서 평화로,

이 모두는 당신의 사랑과 능력에서 나오는 선물입니다.

당신의 말씀에서 나온, 말씀으로 빚어진 선물입니다.

말씀으로 세상을 지으셨음에,

그리고 당신을 향할 수 있도록

우리에게 말할 수 있는 능력을 주셨음에

당신께 감사드립니다.

믿음과 불신, 신뢰와 불안을 오가며,

감사했던 기억과 사라지지 않는 고통 가운데

당신께 말을 건넨 선조들을 주신 당신께 감사드립니다.

우리는 당신의 말씀을 신뢰합니다.

당신의 말씀은 너무나도 소중합니다.

그러니 주님,

당신이 창조하신 세계에 가득한

신음과 탄원에 귀 기울여주소서.

기뻐하고 감사하며 부르는 우리의 노래에

죽음을 자초하는 우리의 절망 어린 노래에

귀 기울여 주소서.

이 혼란스러운 세상 속에서 말을 더듬고 있을 때,

생명을 비추는 당신의 말씀이

청명하게 울려 퍼지게 하소서.

육신이 되신 말씀의 이름으로 기도합니다. 아멘.

시카고 로욜라 대학교 강연, 1989. 7. 21.

당신의 말씀은

주님,

당신의 말씀은 우리 발의 등불이요 길을 밝히는 빛입니다.

당신의 말씀을 통해 온 우주가 숨을 쉬고

온 생명이 움직이며 살아갑니다.

당신의 말씀은 우리가 의지하는

약속과 계명이 머무는 집입니다.

당신의 말씀이, 은총과 진리가 충만하신 그분께서

육신이 되어 우리와 함께 계셨습니다.

주님, 우리는 당신의 말씀으로 만드신 생명이기에

당신께 감사드립니다.

당신의 말씀이 우리와 같이 연약하고

흠 많은 사람들을 통해

전해지고, 들려지며, 세워진다는 사실이

너무나도 경이롭습니다.

지금 당신의 말씀이 절실히 필요한 곳,
그래서 당신의 말씀을 열렬히 거부하는 곳으로 나아가
당신의 말씀을 전하는 이들을 기억합니다.
그리고 이들을 보내주신 당신께 감사드립니다.
하지만 우리는 당신이 우리 또한 들어 쓰셔서
위험한 곳에 당신의 말씀을 전하는 사람으로,
말씀을 살아가는 사람으로 삼지 않으실까
걱정하고 불안해합니다.
그러니 주님, 우리에게 용기를 주소서.

당신의 말씀에 감사드립니다.
자신을 내어준 그분의 이름으로 기도합니다. 아멘.

사무엘상 3장을 읽기 전, 2000년

우리의 모어

우리는 우리의 모어를 잊어버렸지만,
정작 다른 언어들은 너무나 잘 알고 있습니다.
우리는 혐오와 공포와 탐욕과 불안이란
세상의 언어에 능숙합니다.

우리는 지배의 언어와 계산적인 말에,
과도한 칭찬과 특정 정치 집단의 문법에,
진보와 보수, 혁명과 반동의 어조에 익숙합니다.

하지만 우리는 낯선 세상에서 살아가는 이방인입니다.
이제 우리의 모어인 찬양과 애도를
새로운 마음으로 익히게 하소서.
우리에게 찬양과 애도를 가르쳐준 이들을 주신
당신께 감사드립니다.
수많은 장소와 시간과 상황 속에서
상처를 치유하는 진실과
진실로 향유하는 삶을 부르짖고 노래하던

우리의 스승과 부모들을 주신 당신께 감사드립니다.

당신의 참된 말씀, 우리의 모어가
우리의 입술에서 떠나지 않기를,
그 말이 다시 우리 입에서 나와
당신의 귀에 닿기를 원합니다.
육신을 입은 모어인 그분의 이름으로 기도합니다.
아멘.

수업 중 기도, 1988. 1. 21.

성서에 거하시는 당신께

주님,
당신은 천지를 창조하신 창조주이십니다.
당신의 능력은 우리의 숨을 멎게 합니다.
당신의 자비는 공기처럼 늘 우리를 둘러싸고 있습니다.
이제 우리는 이상한 책을 가지고 당신 앞에 섰습니다.

이 책에 가득한 글자의 획과 점,

이 책을 채우고 있는 이야기들과 비워진 공백을 보면서

당신의 영광이 가감 없이 이 책의 크고 작은 내용과

미묘한 차이 속에 있다고 상상합니다.

당신이 어떻게 이 책을 당신의 집으로 삼으셨는지,

어떻게 보이지 않는 당신이

이 책의 모음과 자음 속에 자신을 나타내셨는지

우리는 알지 못하고, 이해하지도 못합니다.

다만 우리는 영광스러운 당신이

책의 운율과 음절을 타고 움직이시는 모습을

참을성 있게, 주의 깊게, 분별력을 가지고

제한 없이 보기를 바랄 뿐입니다.

이 책으로 자신을 보여주신 당신을 찬양합니다.

이 책이 이야기하는 당신은 정녕 살아계십니다.

이 책에 기록된 예수의 이름으로 감사하며 기도드립니다.

아멘.

히브리어 강독 수업 첫날, 2001. 2. 6.

당신의 새로운 소식

주님,

너무나도 고통스럽습니다.

죽음이 가까이 있는 것만 같습니다.

몸은 온통 멍투성이인데 누구도 위로해 주지 않습니다.

몸을 파고들어 오는 총알과,

먼지구름을 몰고 오는 폭발음과,

위로 날아오는 폭탄이 일상이 되어버린,

치료받지 못해 진물과 고름이 새는,

상처로 가득한 멀고 가까운 이웃의 소식 또한

우리에게 낯선 소식이 아닙니다.

하지만 당신은 우리에게 새로운 소식을 전해주십니다.

우리의 망가진 몸 옆에 당신이 계시다고,

그리하여 우리의 몸이 치유되었다고.

우리의 처참한 실패 더미 위로 당신의 은총이 임했다고

그리하여 우리의 삶이 변모했다고.

우리의 그늘진 삶에 당신의 빛이 임했다고,

그리하여 새로운 삶이 가능해졌다고.

"그가 징계를 받음으로 우리가 평화를 누리고
  그가 채찍에 맞음으로 우리가 나음을 입었도다."

이 새로운 소식에 우리는 할 말을 잃습니다.
육신을 입고 온 당신은
우리의 죽음을 생명으로 바꾸십니다.
이러한 생명과 부활의 말씀은
너무나도 친숙하면서도 너무나도 낯섭니다.
자신을 내어주시는 당신,
우리 가운데 십자가를 짊어지신 당신에게
우리는 압도됩니다.
주님의 말씀은 우리가 닿을 수 없는 신비이며,
우리는 그저 자신을 아낌없이 내어주신 당신으로 인하여
압도당할 뿐이라 고백합니다.
"감사합니다"라는 말은 당신과 마주했을 때
우리의 생각과 감정을 충분히 표현하지 못합니다.
아멘.

이사야 52:13~53:12(고난받는 종) 강독, 1999. 4. 27.

우리에게 축복의 잔을 베푸소서

불의와 부정을 보는 것만으로 구역질이 나고
속이 쓰려 잠을 뒤척일 때가 있습니다.
하지만 현기증과 두통이 이어질 뿐
우리의 힘으로는 문제가 해결되지 않습니다.
하지만 당신이 우리의 교만과
고집을 보시고 구역질 내실 때
시장은 충격을 받고 기계적인 평화는 깨집니다.
우리의 안온한 삶은 흔들립니다.
주님, 당신의 구역질이 끝나면
우리의 미각을 회복시키소서.
당신의 진노가 그치면
우리의 입에 달콤함을 선물하소서.
쓰리고 혹독한 날이 지나면
우리에게 축복의 잔을 베푸소서.
당신은 가져가기도 하시고
축복을 주기도 하시고
산산조각내기도 하시는 분이십니다.

하지만 무엇보다 당신은 주시는 분,

이전보다 더한 것을 주시는 분,

풍요롭게 채워 주시는 분,

상상할 수 없는 것을 주시는 분이십니다.

그러니 우리는 부활하신 당신이

건네는 빵과 포도주를 마시며

영원히 당신을 노래할 것입니다.

아멘.

예레미야 25장 강독, 2000. 5. 4.

세상이 걷잡을 수 없이 소용돌이칠 때

세상이 걷잡을 수 없이 소용돌이칠 때,

그 누구도 그 물결을 멈추지 못할 때,

분노와 증오와 폭력의 물결이 우릴 덮칠 때,

그 어떤 지혜로도 이해할 수 없고

그 어떤 믿음으로도 견딜 수 없을 때,

세상은 혼돈으로 치닫고 혼돈이 우리의 눈을 가릴 때,
우리에게 버팀목이 되는 삶의 뿌리를,
우리가 의지할 수 있는 믿음의 공동체를 주신
당신께 감사드립니다.
신실한 증인들, 앞서 살았던 신앙의 선조들과
그들이 들려준 경이로운 기적과 치유의 이야기를
주심에 감사드립니다.

오늘 이 밤, 이 시간 동안
당신의 말씀에 뿌리내리고,
신앙의 삶을 용감하게 증언하며,
깊이 당신의 계명을 묵상하고,
생명으로 가득 찬 이야기를 전하는
형제자매들과 함께할 수 있게 해주시니 감사합니다.

우리가 같이 성서를 깊게 탐구할 때
더 깊은 곳으로 들어갈수록,
우리는 그 속에 숨어 계신 당신을 만날 것입니다.
그곳에서 말씀하시고, 통치하시고,
치유하시고, 심판하시는 당신을 만날 것입니다.

숨어 계신 당신을 만날 때

우리는 소용돌이치는 세상이 더는 무섭지 않습니다.

당신은 이를 통해 세상을 새롭게 하시기 때문입니다.

생명과 덕과 온전함을 회복시켜 주시기 때문입니다.

여전히 세상은 걷잡을 수 없이 소용돌이치지만,

우리는 두렵지 않습니다.

다만 우리는 당신을 기다리고 바라보며

당신 말씀에 귀 기울이며 기도합니다.

당신은 우리와 세상의 모든 소용돌이를

끌어안으시는 진리이시기 때문입니다.

아멘.

평신도를 대상으로 한 모세오경 특강,

2001. 9. 17.(9.11 테러 이후)

시를 읽을 때마다

시를 읽을 때마다
고통은 깊숙이 들어오고 화가 치밀어 오릅니다.
하지만 이내 찬탄과 놀라움과 경이로움이 샘솟습니다.
우리는 시인들의 언어를 통해 우리 신앙을 되돌아봅니다.

한 시인은
칼을 쳐서 보습을 만들고
창을 쳐서 낫을 만들며
전쟁을 기억나지 않게 할 것이라고 이야기합니다.
또 다른 시인은
어둠 속에서 우리에게
보습을 쳐서 칼을 만들고
낫을 쳐서 창을 만들며
병약한 사람도 강하다고 말하라 합니다.
시인들의 말을 들으며
우리 마음은 나뉘고 갈등합니다.
저 시들은 서로 충돌합니다.

그리고 저 시들은 우리와 충돌합니다.

그러한 가운데

우리는 좀 더 잘 느끼게 되고

좀 더 잘 알게 되고

좀 더 잘 순종하게 됩니다.

그러니 저 시들이 충돌하면서 일으키는 불꽃 가운데

우리를 내버려 두소서.

이 시들은 모두 당신이 주시는

생명의 말씀이기 때문입니다.

평화의 왕이시여,

우리에게 용기와 자유와 믿음을 허락하소서.

아멘.

이사야 1~2장 강독, 2001. 9. 18.

우리의 삶이 이 시들로 물들게 하소서

성서가 그리는 현실은 아주 오래된 것 같으면서도
방금 일어난 일처럼 생생합니다.
부가 늘어갈수록 교만해지는 사람들,
기술이 발전할수록 늘어나는 파괴들,
혐오를 낳는 압제, 폭력을 낳는 혐오…
어딜 가나 가득한 폭력,
그리고 그 폭력으로 인해 조각나고 불타고
짓이겨지고 사라지는 삶.
무질서와 혼돈, 끝을 모르는 불안…

이 선조들의 시를 통해 우리는
세상의 온갖 모습과
내면의 모습을 직시하는 법을,
찬양의 시작과 끝을 맺는 법을,
당신을 진실하게 이야기는 법을,
당신을 새롭게 바라보는 법을 배웁니다.

폭력의 한가운데서도 뿌리 뽑히지 않는 꿈을,

분노가 사무쳐도 흔들리지 않는 정의를,

상실과 실패 속에서

마르지 않는 슬픔의 노래를,

혐오로 불타오르는 세상에

희망을 심는 법을 배웁니다.

우리의 삶이 이 시들로 물들게 하소서

그 오래된 시들이 우리의 삶을 사로잡게 하소서.

우리의 입가에서 이 시들이 흘러나오게 하소서.

이 시들이 가리키는 바를 따르게 하소서.

폭력을 직시하면서 불렀던 이 노래들을 신뢰하게 하소서.

모든 시와 노래의 제목이 되시는 당신을,

당신 곁에서 울고 웃던 선조들의 고백을 통해

찬양하게 하소서.

아멘.

시편 수업 첫날, 2001. 9. 12.

눈부시게 환한 모든 화려함 위에 계신 당신

"석고로 만든 그대의 도시는 하얗게 빛나리,
  우리의 눈물이 찬란한 그대를 가리지 못하리." *

우리는 뜻도 모른 채
휘황찬란하게 번쩍이는 도시를 노래합니다.
궁금해서 사전으로 '석고'의 뜻을 찾아보지만
'단단한 석회질 광물'이란 첫 줄 이상을 읽지는 않습니다.
우리의 시선은 늘 '빛나는'이란 단어에
멈춰져 있었기 때문입니다.
우리는 밤과 낮을 가리지 않고
환하게 빛나는 거리를 거닐며
찬란한 도시의 최정상까지 올라가는
승강기에 몸을 싣는 상상에 빠지곤 합니다.
마천루의 꼭대기에 서서 돈과 성취와
성공과 안전과 권력을 얻는 꿈을 꿉니다.

---

* 캐서린 리 베이츠Katherine Lee Bates의 '아름다운 아메리카America the
  Beautiful' 중

우리는 한낱 눈물이 우리의 성공 가도를
막지 못한다고 자만합니다.
그러나 실제 우리는
두려움에 눈이 멀고,
증오로 인해 온몸이 뒤틀리고
폭력에 좌지우지됩니다.

그리고 이제…
한때 빛을 한껏 머금은 채 윤기가 흐르던
석고의 도시는 보이지 않습니다.
멈출 줄 모르고 흐르는 눈물이 우리의 눈을 가립니다.
그곳은 잿빛 연기와 먼지와 정체 모를 시신과
말라버린 핏자국으로 가득한 폐허로 남아있습니다.

우린 도시를 잿더미로 만들어버린 이가
누구인지 생각하다
결국 폐허 위에서 모든 것의 주인이신 당신을 찾아
당신의 말씀으로 돌아갑니다.

주님,

당신은 눈부시게 환한 모든 화려함 위에 계십니다.

당신은 그을린 재 덩어리와 텅 빈 거리 사이에 계십니다.

당신은 우리 뒤에서

우리의 모든 분노와 눈물을 지켜보십니다.

자신을 숨기셨지만, 보이지 않게 늘

우리를 살피시는 주님,

우리가 우리의 도시와 당신을 혼동하지 않게 하소서.

우리의 도시가 재가 되고 파괴될지라도

당신은 당신으로 계십니다.

당신은 살아계신 주님이십니다.

당신은 부활의 주님이십니다.

아멘.

시편 46편과 74편 강독, 2001. 10. 10.

하지만 여전히 우리의 눈은

성서에 깃든 신비와
이때까지 저 놀라운 신비를
엿보고 들었던 모든 이의 증언을 기리며
당신께 감사드립니다.

하지만 여전히 우리의 눈은 비늘로 덮여있고
우리의 귀는 비굴합니다.
우리는 여전히 다른 세상의 자녀입니다.
아직도 허물이 우리의 앞을 가리고
우리의 귀는 소리를 분간할 줄 모릅니다.
우리는 아직도 다른 세상의 자녀입니다.
우리에게 볼 줄 아는 눈과 들을 줄 아는 귀를 주소서.
당신의 경이로움에 전율할 때까지
이 책을 떠나지 않을 힘과 용기를 주소서.
아멘.

1976. 10. 18.

우리의 도시가 재가 되고 파괴될지라도
당신은 당신으로 계십니다.
당신은 살아계신 주님이십니다. 당신은 부활의 주님이십니다.

하늘에 사로잡히고
땅에 뿌리내리다

할렐루야

우리는 치유받고 회복되고 용서받은 사람들입니다.

우리는 이 고백을 너무나 경박하게,

쉽게 이야기하지만

그럼에도 이 고백은 너무나 소중합니다.

이 말들은 우리 삶을,

치유와 회복과 용서로 새로워진 삶을

돌아보게 해주기 때문입니다.

당신은 우리를 새롭게, 순수하게 하셨습니다.

우리의 가능성을 현실화하셨습니다.

우리에 관한 진리를 말하는 저 말들은

우리를 당신, 그리고 열정적인 당신의

진리와 묶어 줍니다.

이 말들이 우리 입에서 나오는 한,

우리를 넘어 경이로움에 가득 찬 채

찬양을 부르며 당신에게 나아갈 수 있습니다.

당신에게로 나아가며

우리가 할 수 있는 말은 오직 이뿐입니다.

"내 영혼아 찬양하라. 주님 앞에 엎드려

　할렐루야. 할렐루야. 영원하신 주님.

　화는 더디 내고 사랑이 넘치시는.

　우리 짐을 대신 지신 그분을 찬양하라. 할렐루야."*

우리가 이 옛날 가락에 맞춰 노래를 부를 때,

우리는 토끼와 앵무새에서 천군 천사에 이르기까지

모든 피조물과 함께 천국의 문 앞에 서 있음을 압니다.

할렐루야. 당신을 찬양합니다.

한껏 찬양이 고조되어 즐거워할 때

서릿바람을 맞은 것처럼 번쩍 정신이 듭니다.

우리의 시공간에서 메아리쳐 울리는

할렐루야가 들리기 때문입니다.

무더운 초여름날.

선풍기도 없이 여름을 준비하는

사람들의 입에서 나오는

할렐루야.

---

* '내 영혼아 찬양하라Praise, My Soul'(새찬송가 65장)의 원가사 번역

온갖 행사의 열기가 후끈 달아오르고

사람들이 이를 준비하는 가운데

누울 곳을 찾아 거리를 떠돌다가

어둠으로 사라지는 사람들이 흥얼거리는 할렐루야.

폭발음과 울음소리가 그치지 않는,

공포가 제 둥지 삼은 도시 위로 울려 퍼지는 할렐루야.

수천 년의 앙금이 폭력과 차별로 솟구치는

이스라엘 지역에서 울려 퍼지는 할렐루야.

우리가 모인 이 장소와 캄캄한 거리와

폐허가 돼버린 도시와

당신의 모습이 너무나도 미약하고 희미한

바이블 벨트에서 울려 퍼지는 할렐루야.

우리와 시공간을 공유하는 사람들의 할렐루야가

귓가를 떠나지 않습니다.

우리는 그렇게 당신을 찬양합니다.

우리의 입은 당신을 흠모하는 천사들과 함께 노래하지만,

우리의 발은 이 땅 위에 있습니다.

하늘에 사로잡히고 땅에 뿌리내린 채

당신을 찬양합니다.

당신과 나누는 교제와 육신의 삶을 매일 오가는 우리는
기진맥진하지만, 생명과 자유를 누립니다.
한계에 달해있지만,
우리를 부르는 음성에 담긴 사랑을 느낍니다.
그러한 가운데 우리에게
당신이 인간으로 오셨다는 기억이 되살아납니다.
우리처럼 특정 시간과 장소에 계셨던 주님,
감사합니다.
당신께서 우리를 당신을 따르는 무리로
부르신 것이 너무나도 기쁩니다.
할렐루야.
아멘.

애틀랜타에서 '내 영혼아 찬양하라'를 부르고,
1996. 6. 24.

우리는 계속 놀랍니다

우리는 당신이 우리만큼이나
안정과 현상 유지를 중요하게 여기시기를,
늘 우리의 예측 범위 안에서 움직이시기를 바랍니다.

우리는 교리라는 망치와 경건이라는 못을 들고
당신이 우리가 정한 테두리를 벗어나지 못하도록
당신의 손과 발에 하나씩, 하나씩,
망치질하려 합니다. 못 박으려 합니다.

하지만 우리는 다른 곳에 있는 당신을 발견합니다.
우리와 늘 함께 있지만,
매번 새로운 모습으로 찾아오는 당신,
우리는 계속 놀랍니다.

싹을 틔우고 자라나게 하시다가도
뿌리째 뽑아 엎으시는 주님,
모든 것을 허물어버리시고

모든 것을 새롭게 만드시는 주님,
우리에게 선택의 여지가 있었다면
우리는 분명 당신을 고르지 않았을 겁니다.
하지만 당신은 자유 안에서 우리를 만드시고
우리를 당신의 백성으로 삼으셨습니다.

주님, 당신의 자유를 우리에게 주셔서
우리가 자유롭게 당신과 동행하게 하소서.
당신의 자유를 우리 삶에 허락하셔서
우리 또한 당신을 따라
새로운 곳으로 나아가게 하소서.
우리 모두를 위해 당신의 자유를
이 땅에서 보여주신 예수께 감사드립니다.
아멘.

예레미야 8~9장을 읽기 전에, 2000년

우리가 받은 세례를 생각할 때마다

주님, 당신은 물로 우리를 구별하십니다.
당신의 이름으로 우리에게 흔적을 남기십니다.
당신의 꿈을 우리에게 새기십니다.
우리가 받은 세례를 생각할 때마다
우리는 당신의 물과 당신의 이름과
당신의 꿈을 떠올립니다.
하지만 또 다른 상상들이 우리를 방해합니다.
우리에게 또 다른 것들을 새기려 합니다.
머리끝에서 발끝까지 고급 옷을 입는 상상,
코카콜라 한 모금으로 갈증을 해결하려는 상상,
마이크로소프트에 기대어
삶과 세계를 파악하고 통제하려는 상상,
이러한 상상들에 우리는 속박되어 있습니다.
주님, 우리 상상을 뒤엎어 주소서.
우리의 생각을 변화시켜 주소서.
새로운 삶을 상상하게 하소서.
당신의 흔적이 새겨진 자녀로,

당신의 부름을 받은 자녀로 살게 하소서.
정직하게, 그리고 용기를 내어 당신께 기도합니다.
아멘.

세례 교육 중, 1998. 9. 17.

우리는 세상과 다릅니다

당신은 우리를 당신의 백성으로 부르셨습니다.
우리를 불러주셔서 감사합니다.
세상에서 귀한 믿음의 길을 걸어가게 하시니
우리의 마음은 벅차오릅니다.
당신은 우리에게 세례를 주시고,
우리의 이름을 부르며 우리에게 당신의 인을 치셨습니다.

그래서 우리는 세상과 다릅니다.
다른 기억과 다른 소망을 마음에 품고,
다른 두려움에 압도되어 다른 법도에 순종하며
다른 모습으로 살아갑니다.

이 '다름'은 영광스럽지만, 영광의 무게에 짓눌릴 때면
우리의 마음은 다시 세상을 향합니다.
권력과 돈과 방종과 확실한 것과
안전한 것을 좇으려 합니다.
당신의 음성과 당신이 주시는 멍에와
당신을 따르며 감내해야 할 위험을
모두 잊어버리고 살려 합니다.

거룩하게 살라는 당신의 명령과
세상에 동화되려는 유혹 사이에서
우리는 당신께로 나아갑니다.
세상과의 다름 가운데 우리를 만나주소서.
다른 결정과 다른 선택을 내릴 수 있는 용기를 주소서.
다른 희망을 품게 힘을 주소서.
우리의 다른 삶 가운데 만나주소서.
십자가에 달리신 부활절의 주인,
그 누구와도 같지 않으신
놀라운 그분의 이름으로 기도합니다. 아멘.

사무엘상 8장 강독, 1999. 3. 11.

당신의 약속을 신뢰하게 하소서

어마어마한 것들을 약속하신 주님,
신실하신 당신께서 우리와 함께하시며
약하고 가난한 사람의 편에 서시겠다는
약속을 마음에 되새길 때마다
우리는 흥에 겨워 즐거워합니다.

하지만 우리는 주님의 약속이 난감하고 내밀한
순종의 시험과 함께 찾아온다는 사실을 매번 잊습니다.
주님께서는 우리와 같은 사람을 부르십니다.
먼 옛날, 우리와 비슷한 처지인 사람들을
우리의 선조로 부르셨고,
그들은 광야와 미지의 땅으로 부르시는 주님을 붙잡으며
주님의 약속을 신뢰했습니다.

만물을 당신의 품으로 부르시는 주님께 감사하며
우리를 위험이 가득한 새로운 곳으로 이끄시는
주님을 찬양합니다.

간구하오니, 주님의 자비와 은총이 우리에게 깃들어
낯선 곳으로 우리를 부르시는 주님을 계속 붙잡게 하소서.
어떤 상황에도 당신의 약속을 신뢰하게 하소서.
주님의 약속을 몸소 이루신,
자신의 삶을 통해 우리를 부르시는 주님의 말씀이신 그분,
예수 그리스도의 이름으로 기도합니다. 아멘.

예레미야 1~2장을 읽기 전에, 2000년

당신이 우리와 세상을 긍정하시기에

주님, 당신은 단순명료하고 솔직하게
우리에게 말씀하시고 요구하시며 도와주십니다.
그렇게 당신은 우리를 긍정하십니다.
만물을 창조하시며 당신은 이를 긍정하셨고
우리가 태어나셨을 때 우리를 긍정하셨고
우리가 세례받을 때도 우리를 긍정하셨습니다.
당신이 우리와 세상을 긍정하시기에
우리는 하루를 시작할 수 있습니다.

계절과 때에 따라 순종하는 마음을 주소서.

우리의 선조들을 따라 자유 안에서

당신을 사랑하며 산 사람으로 알려지게 하소서.

다시 오실 그날까지 우리 기억에 자리한

예수의 이름으로 기도합니다. 아멘.

알마 대학 캠벨 스콜라 프로그램 워크샵에서,

이사야 51:1~3과 히브리서 11:8~12, 17~22,

2000. 10. 26.

우리에게 야위어지는 시간을 주소서

우리는 빵을 많이 먹는 것,

서커스를 충분히 즐기는 것이 좋은 정치라고 생각합니다.

우리는 서커스에 열광하고

그곳의 가판대에서 빵을 팔려고도 합니다.

우리는 이웃의 것을 빼앗아 자신의 배를 채우는 것이

선택이 아니라 당연하다고 생각합니다.

주님, 이웃을 향한 질투와 폭력에서 우리를 구하소서.

자신의 안위만을 생각하는 이기심에서 우리를 구하소서.

야만스러운 서커스에서 우리를 구하소서.

서커스에서 빵을 팔려는 우리의 탐욕에서

우리를 구하소서.

주님, 우리에게 야위어지는 시간을 주셔서

살아가는 동안 당신이 주시는 양식만으로도

충분하다는 사실을 깨닫고 받아들이게 하소서.

기도하오니, 우리가 무엇을 먹고 무엇을 마실지,

무엇을 입고 어디서 살지,

얼마를 저금하고 어떻게 돈을 쓸지,

무엇을 버리고 가져야 하는지를 두고

불안에 떨지 않게 하소서.

당신을 늘 마음에 품고 당신을 비추는 삶을 살게 하소서.

자유를 주시는 당신의 활동에 동참하는

은총을 허락하소서.

단 한 번도 저 폭력의 서커스에 함께하지 않으신

예수의 이름으로 기도합니다.

아멘.

1994년

우리의 참 이름

우리의 기도와 노래의 제목이 되시며
생명의 근원이 되시는 주님,
우리는 당신의 품 안에서 괴로워하고
당신을 갈망하며 당신께 마음을 터놓습니다.
그렇게 영혼의 사계절을 지나면서 우리는
우리의 참 이름을 듣게 됩니다.
그리고 우리는 이방인이자 거류민이라는
사실을 깨닫습니다.
우리는 놀라움과 충격에 할 말을 잃습니다.
엉뚱한 곳을 고향으로 삼아 정착하려고 했기 때문입니다.

삶을 돌아보면, 우리는 이때까지
당신의 언약에 무지한 이방인으로
당신의 백성과 동떨어진 삶을 살면서
당신의 자녀와 다투며 살아왔습니다.
이 땅에서 이방인이자 거류민인 우리는
희망도, 약속도, 우리가 누군지도 모른 채

위험을 무릅쓰지도, 누군가를 의지하지도 않았습니다.
하지만 당신은 당신의 기이한 능력으로
우리에게 새로운 이름을 주십니다.
오직 당신만이 주실 수 있는 이름,
오직 당신 안에서만 온전히 누릴 수 있는
이름을 주십니다.

그리고…
당신은 지금 우리를 당신의 나라로 부르십니다.
당신의 백성으로 누리는 삶의 권리를 주시고
그 의무를 다하라고 하십니다.
당신은 지금 우리를 거룩한 백성이라고 부르십니다.
우리가 선하거나 의롭거나 완전해서가 아니라
당신이 우리를 살피시고 우리에게 당신의 인을 치셔서
우리를 당신의 품과 당신의 뜻에
들어가게 하셨기 때문입니다.
당신은 지금 우리를 당신의 자녀라고 부르십니다.
그래서 우리는 감히 당신을 아버지라고 부르며,
언젠가 우리의 집인 당신에게로 돌아갈 상상을 합니다.

이제 우리는 익숙했던 옛 이름을 버리고

당신이 부르시는 새로운 이름을 취합니다.

당신이 우리를 새로운 이름으로 부르실 때

우리의 모습은 변합니다.

당신의 말씀이 우리 삶을 새롭게 하는 순간,

우리의 눈에는 우리의 이전 모습과

우리 형제자매들의 이전 모습,

여전히 상한 마음과 깨진 관계를

품고 사는 형제자매들의 모습,

불공평한 분배와 기회가 낳은 분노와

수치와 고독에 삼켜진 형제자매들의 모습이 들어옵니다.

주님, 간절히 비오니,

우리를 새롭게 하셨듯 오늘 만물을 새롭게 하소서.

만물의 이름을 알려 주셔서 모두가,

만물이 회복되고 거듭나게 하소서.

우리가 잠시 머무는 이곳과 작별할 때

새로운 이름을 가지고 당신께 돌아가길 소망합니다.

거기서 영원히 새 이름으로, 당신의 나라로,

거룩한 백성으로, 당신의 자녀로 불리기를,

놀랍고 신비로운 예수라는 이름과
연결되어 불리기를 간절히 기도합니다.
아멘.

에베소서 2:11~22를 읽고, 날짜 미상

감기처럼 우리를 찾아오소서

주님, 감기처럼 우리를 찾아오셔서
당신의 정의가 옳게 하소서.
불청객처럼 우리를 찾아오셔서
당신의 평화로 우리를 덮치소서.
좀벌레처럼 우리를 찾아오셔서
우리 마음을 옥죄는 멍에들을 삶게 하소서.
감기로, 불청객으로, 좀벌레로 찾아오셔서
불의와 거짓 평화와 거짓 자유에서 끄집어내
우리가 늘 당신을 향해 나아가고
당신과 동행하며 언제나 당신을 위해 살게 하소서.
매일 당신을 닮아가고

불순종의 마음은 닳아 없어지게 하소서.

당신과 같은, 당신을 가장 각별히 생각했던,

언제나 당신과 함께하는 예수의 이름으로 기도합니다.

아멘.

수업 중 기도, 1998. 1. 20.

성직자들을 위한 기도

우리는 주말을 맞이할 생각에 금요일을 즐기지만,

당신은 우리와는 사뭇 다르게 금요일을 받아들이십니다.

그날에 누군가 고통과 괴로움을

떠안고 죽어야 했기 때문입니다.

우리는 금요일에 돌아가신 당신을 기억하면서

주일을 준비하는 형제자매들에게

은총을 부어주시길 간구합니다.

그들에게 금요일은 주말의 시작이 아니라

십자가에 달리셨던 당신을 전하는 고통에

참여하는 날입니다.

현실에 안주하려는 유혹, 자기만족의 시험과 매일 다투는
교회의 성직자들을 위해 기도합니다.
그들이 오늘 하루 동안 그 어떤 방해도 받지 않고
당신의 말씀을 듣게 하소서.
그리하여 그들이 증언하는 복음을 통해
당신을 향한 사랑이 깊어지고
당신과 더욱더 명징한 언어로 사랑을 나누게 하소서.
아멘.

1994년

우리가 가진 도량과 힘을 다하여

하루하루의, 그리고 해들의,
그리고 모든 시간을 이끄시는 주님,
우리가 맡은 일과 누리는 휴식의 주인이시며,
우리가 힘들고 피곤할 때도 함께하시는 주님,
당신은 우리의 시간을 주관하십니다.
우리의 힘과 연약함, 희망과 절망,

건강과 질병을 가지고 당신께 나아갑니다.

그리고 우리 자신을 위해,
우리처럼 탐욕에 사로잡힌 이들을 위해 기도합니다.
우리는 모두 더 많은 돈과 더 많은 권력과
더 높은 경건과 더 많은 섹스를 원합니다.
더 거대한 영향력, 더 정교한 교리, 더 안정된 사회,
더 많은 구성원, 더 많은 친구, 더 높은 도덕,
더 많은 지식, 더 많은 옷을 원합니다.
주님, 우리가 오직 당신으로 만족하게 하시며
차고 넘치는 당신의 은총을 맛보게 하소서.
당신은 늘, 언제나, 아낌없이 자신을 내어주신다는 것을
우리는 잘 알고 있습니다.

우리는 우리 자신을 위해,
그리고 우리처럼 불안에 사로잡힌 이들을 위해
기도합니다.
우리는 사랑에 굶주려 있습니다.
우리에게는 집이 없습니다.
우리에게는 소망이 없습니다.

우리에게는 일자리가 없습니다.

우리에게는 건강 보험이 없습니다.

그리고 세상에는 순간의 휴식을 위해

땅에 떨어진 담배꽁초를 뒤지는 이들과

허기로 쓰레기통을 뒤지는 이들이 있습니다.

배고픈 이들을 좋은 것으로 채워 주시는 주님,

부유한 이들을 빈손으로 보내시는 주님,

우리 가운데 임하소서.

오늘 우리는 우리 자신과 더불어

좋은 의도와 선한 마음을 지닌 이들을 위해 기도합니다.

당신의 말씀을 밤낮으로 생각하며

당신의 높은 뜻을 따르려는 이들이 있습니다.

모든 문제에 정답을 말해야 하고

어떠한 분쟁에도 옳은 편에 서려는 바람에

자신뿐 아니라 타인의 기력을 소진하고

마음을 상하게 하는 이들이 있습니다.

주님, 우리 모두의 가장 고귀한 이상과 열정조차

하찮은 것이 되도록

당신의 빛으로 우리 삶을 채우소서.

우리는 당신의 백성입니다.

당신이 좀 더 분명하게 모습을 드러내시기를 기다립니다.

그러므로 우리는 우리보다 앞서

신앙의 길을 걸었던 이들과 함께 기도합니다.

"오소서, 주 예수여!"

우리가 가진 도량과 힘을 다하여

당신을 기다리게 하소서.

아멘.

채플 중 기도, 1998. 1. 27.

우리가 그들을 잊지 않게 하소서

평화의 왕이시며

정의로 다스리시고

자유의 원천이자 완성이신 주님,

우리를 향해 부르시는

평화와 정의와 자유의 노랫소리에 맞추어

당신을 찬양합니다.

그 노래는 마틴 루터 킹Martin Luther King Jr.*과

랠프 애버내시Ralph David Abernathy**와

로자 파크스Rosa Parks***와

존 루이스John Lewis****와

프레드 셔틀스워스Frederick Shuttlesworth*****와

---

* 마틴 루터 킹 주니어(1929~1968): 미국의 침례교 목사이자 인권운동
가로 흑인 및 유색인종의 인권운동을 이끌었다. 1964년 노벨 평화
상을 수상했으며 1968년 백인 우월주의자에 의해 암살당했다. 미
합중국은 매년 1월 셋째 주 월요일을 마틴 루터 킹 날로 정
하여 마틴 루터 킹을 비롯한 흑인 인권운동가들을 기리는 국경일
로 지키고 있다.

** 랠프 애버내시(1926~1990): 미국의 침례교 목사이자 인권운동가. 마
틴 루터 킹 주니어 목사와 함께 남부기독교지도회의The Southern
Christian Leadership Conference, SCLC를 창립하였다.

*** 로자 파크스(1913~2005): 미국의 인권운동가. 교통시설 인종차별정
책에 맞선 1955년 앨라배마주 몽고메리 버스 보이콧의 주역이다.

**** 존 루이스(1940~2020): 미국의 인권운동가이자 정치인. 1965년 앨
라배마주 셀마에서 마틴 루터 킹 주니어 목사와 함께 몽고메리
행진을 주도했다.

***** 프레드 셔틀스워스(1922~2011): 미국의 침례교 목사이자 인권운
동가로 SCLC의 창립 멤버였다. 1963년 앨라배마주 버밍햄 인권
시위의 주역이다.

호세아 윌리엄스Hosea Williams*와

제시 잭슨Jesse Jackson**과

앤드루 영Andrew Young***,

그리고 자신의 목숨을 걸고

당신의 꿈을 꾸며 당신의 약속에 순종했던

수많은 사람의 삶을 통해 지금도 울려 퍼지고 있습니다.

그들을 잊지 않게 하소서.

잔인한 폭력 앞에서 용기를 잃지 않았고,

혐오에 맞서 평화를 내세웠으며,

경제적인 차별과 억압 안에서도

당신을 향한 갈망을 놓지 않았던

그들을 오늘 우리가 기억하게 하소서.

그들을 잊지 않게 하소서.

그들에 대한 기억이 내일의 희망이 되게 하소서.

그들을 향한 감사가 오늘의 힘이 되게 하소서.

그들의 희생으로

오늘 우리가 누리는 평안을

정의와 평화와 자유를 향한

순례의 여정으로 바꾸소서.

그들의 삶으로 울려 퍼졌던 당신의 노래가

우리의 삶을 통해 다시 울려 퍼지게 하소서.

아멘.

마틴 루터 킹 데이 다음날, 1999. 1. 19.

---

* 호세아 윌리엄스(1926~2000): 미국의 목사이자 인권운동가. 존 루이
스와 함께 1965년 셀마에서 몽고메리 행진을 기획하고 주도하였
다.

** 제시 잭슨(1941~): 미국의 침례교 목사, 인권운동가이자 정치인. 대
학생일 때 SCLC에 입단한 이후, 현재까지 평화주의에 입각한 인
종 간 화해 및 인종차별의 경제적인 문제 해결 등을 위한 활동을
이어왔다.

*** 앤드루 영 주니어 (1932~): 미국의 정치가, 외교관, 인권운동가.
SCLC에서 마틴 루터 킹 목사와 함께 흑인 인권운동의 주역으로
활동했으며, 조지아주 미연방 의회 하원의원과 애틀랜타시 시장,
UN 대사를 역임하였다.

변화의 기로 앞에 선 이 순간

우리는 약속을 좋아합니다.
수많은 맹세와 서약과 약속을
거듭 만들어 냅니다.
진지한 목소리로, 진심을 다해
이 모든 것을 지키겠다고 말하지만,
이 모든 일은 너무나도 급하게,
너무나도 손쉽게 이루어집니다.

그렇기에 약속은 아무렇지 않게 되어버리고
우리는 빠른 해결책을 찾습니다.
안전과 미래에 집착합니다.
한참이 지난 후에야 우리는
맹세를 한 상대의 얼굴을 봅니다.
그제야 우리가 죽음과 계약했다는 사실을 깨닫습니다.
그리고는 두려움과 공포에 사로잡힙니다.

그때, 당신이 우리에게 다가오십니다.

태초에 우리와 계약을 맺은 당신이

우리를 죽음에서 건지십니다.

우리의 헛된 약속들을 당신의 이름으로 깨뜨리십니다.

그리고 우리에게 진정한 맹세를 지키라고 요구하십니다.

우리는 우리를 삼키려고 달려들던

죽음을 이기신 당신을

경이와 찬탄 속에 바라봅니다.

당신과 함께하고 싶다는 마음이 샘솟습니다.

그러나 주님,

여전히 우리는 옛 삶과 새로운 삶 사이에 있습니다.

변화의 기로 앞에 선 이 순간,

순전하고 기쁨과 순종으로 가득한 삶,

우리에게 많은 것이 아닌 전부를 요구하시는

당신을 따르는 삶,

당신과 동행하는 삶을 살게 하소서.

아멘.

이사야 25장, 28장 강독, 2001. 10. 30.

그 순간 우리는 깨닫습니다

나라들은 요동치고, 제국들은 뒤흔들리며
도시들은 무너집니다.
이에 당신은 전령을 보내어 말씀하십니다.

　"여기 내가 사랑하는 아들이다."
　"여기 내가 기름 부은 종이다."

혼돈의 한복판에서 당신은
당신의 뜻을 이룰 전령들을 부르십니다.
그러나 우리는 이를 믿지 못합니다.
차라리 당신이 직접 나타나
대놓고 말씀하시기를 바랍니다.
하지만 영광스러운 당신은 숨어 계시고
우리 앞에는 확신을 불러일으키지 않는
한 사람이 서 있습니다.
우리는 그를 "다윗의 자손"이라고 부릅니다.
교리와 찬송이 아무리 그를 높이더라도

그는 너무나도 인간이고,
너무나 연약해 보입니다.
그 순간 우리는 깨닫습니다.
당신은 바로 우리 같은 인간을
당신의 종으로 부르셨음을 깨닫습니다.

불현듯 한 생각이 머리를 스칩니다.
나라들이 요동칠 때, 제국들이 뒤흔들릴 때,
도시들이 무너질 때 당신은 우리를 부르십니다.
구약의 다윗처럼, 그리고 다윗의 자손 예수처럼.
우리는 허점투성이에 유약하고
불안으로 가득한 당신의 백성입니다.
그런 우리를 불러주심에 우리는 할 말을 잃고
가만히 당신의 말씀에 귀를 기울일 따름입니다.
아멘.

사무엘상 · 하 강독, 2001. 10. 3.

목회자를 위한 기도

세상을 존재로 부르신 거룩하신 주님,
당신은 우리를 그리스도의 교회로 부르셨습니다.
우리에게 참된 집이 되는 교회를 주셔서 감사합니다.
교회의 사명이 우리에게 참된 기쁨이며
교회의 사역이 우리가 이뤄야 할 숙원임을 고백합니다.

이 교회에서 일하고 계시는 당신을 찬양합니다.
이곳에서 오랜 기간 성직자들과 선조들이
당신의 이름을 자기 이름 삼아 살아온 것에
당신께 감사드립니다.
이 교단을 통하여 일하시는 당신을 찬양합니다.
시간이 흐르고 세상이 변할 동안, 변함없이 주님을 따라
정의와 평화를 위한 투쟁에 참된 증인으로 살아온
교단을 주신 당신께 감사드립니다.
늘 성도와 약자를 향한 고민을 품고 살아가도록
인도하신 당신을 찬양합니다.
레베카를 성직자로 부르신 당신을 찬양합니다.

우리는 그녀가 갖게 된 따뜻한 마음과

유려한 언어와 신중한 태도로

당신께서 부르신 사명을 살아가리라 믿습니다.

레베카를 사랑 가운데 양육했고

그의 성장을 함께 응원하고 지켜봐 준

신앙의 전통과 신앙 공동체를 주신 당신께 감사드립니다.

또한, 레베카를 위해 지금, 이 순간까지

늘 기도를 멈추지 않았고 항상 그녀를 믿고 보살폈던

그녀의 가족을 주신 당신께 감사합니다.

당신을 찬양하는 같은 마음으로

다채롭게 펼쳐진 여러 사역,

우리의 이해와 경험으로는 인정할 수 없는 모습의

사역들을 이끄시는 당신께 감사드립니다.

우리보다

진보적인 교회를 주신 당신께,

보수적인 교회를 주신 당신께,

낯선 교회와 전통을 주신 당신께,

우리와 전혀 다른 방식으로 살아가는

신앙 공동체를 주신 당신께 감사드립니다.

그리고 우리는 모두 마음을 모아
당신의 손길이 필요한 이웃을 위해,
아픈 사람과 죽음을 앞둔 사람을 위해,
길을 잃어버리고 권력에 취한 사람을 위해,
우리는 한 줄의 신문 기사로 읽고 지나치지만
삶의 모든 순간이 절박한 이들을 위해,
폭력과 압제로부터 해방을 기다리는 사람들을 위해
기도합니다.

당신의 강한 영이 우리에게 임하셔서
우리가 받았던 세례에 우리의 삶이 사로잡히게 하소서.
우리가 기꺼이 당신과 함께하는 짐과 멍에를 지게 하소서.
그리하여 오직 당신께서 주실 수 있는
기쁨으로 만족하게 하소서.
우리 너머로 우리를 이끄소서.
우리에게 익숙한 사회적 관계 밖으로 우리를 이끄소서.
지치고 원망만이 남은 마음 너머로 우리를 이끄소서.
우리의 구태의연한 삶과 습관 너머로 우리를 이끄소서.
당신의 새로움으로 우리를 이끄소서.
당신을 향하는 우리의 발이 가볍게 하시며,

우리에게 주어진 새로운 여정을
열린 마음으로 준비하게 하소서.
당신의 열정으로 우리가 걷는 삶이
아름답게 당신의 승리를 노래하는
찬송으로 울려 퍼지게 하소서.
교회의 주인이신, 십자가에 못 박힌
예수의 이름으로 기도합니다.
아멘.

레베카 가우디노Rebecca Gaudino의 목사 안수식,
1996. 11. 10.

교회의 사명이 우리에게 참된 기쁨이며
교회의 사역이 우리가 이뤄야 할 숙원임을 고백합니다.

새롭게 하소서

새롭게 하소서

당신은 예수 그리스도를 죽음에서 살리신 분입니다.

당신은 말씀으로 세상을 창조하신 분입니다.

당신은 애통에 잠겼던 한나에게 아이를 주신 분입니다.

당신은 모든 것을 다시 새롭게 하고자 하시며,

그럴 수 있는 능력을 갖고 계신 분입니다.

당신은 스스로 존재하는 유일한 분입니다.

그러니 주님, 다시, 이곳을 새롭게 하소서.

지금 새롭게 하소서. 기도하오니, 새롭게 하소서.

우리와 우리가 속한 집단부터 새롭게 하소서.

당신의 자비로 새롭게 하소서.

당신의 정의로 새롭게 하소서.

당신의 연민으로 새롭게 하소서.

당신의 평화로 새롭게 하소서. 세상을 새롭게 하소서.

약동하는 젊음과 순수를 되찾게 하소서.

너무 늦기 전에 우리 모두를 새롭게 하소서. 아멘.

사무엘상 1장 강독, 1999. 2. 4.

당신이 우리와 함께하기에

위협은 쉽사리 시들지 않습니다.
우리는 우리에게 다가오는 위협을 상상하지 못합니다.
그런 우리를 향해 위협은 호시탐탐 기회를 엿봅니다.
그러한 가운데 당신은 말씀하십니다.

말씀으로 맹렬한 불더미에 길을 내시고
위험했던 순간마다 벗어날 은총을 주십니다.
성난 사자와 같던 원수들을 양처럼 순하게 만드십니다.
당신이 말씀하실 때 만물은 새롭게 됩니다.
당신은 우리와 함께하시며
우리를 지키고 구하는 일에
언제나, 어느 때나, 늦지도 않고
지치지도 않겠다고 약속하십니다.
당신은 우리에게 말씀하십니다.

"두려워 말라"

말씀을 들은 우리는 이제 무섭지 않습니다.

당신이 우리와 함께하기에 우리는 안전하고

당신이 우리와 함께하기에 우리는 자유로우며

당신이 우리와 함께하기에 우리는 기쁨으로 가득합니다.

우리가 불안에 빠져 삶의 기쁨과

자유와 평화를 빼앗길 때,

당신은 우리 마음을 지키시고

불안이 우리를 집어삼키지 못하게 하십니다.

우리가 탐욕을 섬기며 우리의 가난한 이웃을 업신여길 때,

당신은 참된 만족을 주시어

우리의 그릇된 욕망을 쫓아내십니다.

우리가 자신만의 안녕과 편안에 병들어 세상을 파괴할 때,

당신은 우리의 병든 생각과

저지른 악행 모두를 고치십니다.

주님, 우리에게 오소서.

코소보*에, 리틀턴**에,

---

*　1999년 코소보Kosovo는 당시 분해된 유고슬라비아에서 나와 자치
권을 주장하는 코소보와 그에 폭력으로 맞선 세르비아 사이에 내
전 (1999.02.28.~1999.06.10.)이 진행 중이었다.

**　1999년 4월 20일 미국 콜로라도주 리틀턴에 위치한 콜럼바인 고등

우리의 어리석음으로 오염된 숲과 호수에,
온갖 차별과 혐오가 도사린 도시에 오소서.
우리를 삼킨 교만과 탐욕의 파도를 향해 말씀하소서.
구하오니, 다만 우리가 당신과 함께하기에
어울리는 믿음을 주소서. 아멘.

사무엘하 7장 강독, 1999. 4. 29.

평화를 구하는 기도

우리는 보습을 쳐서 칼을 만들고, 낫으로 창을 만듭니다.
그뿐만이 아닙니다. 총탄과 폭탄과 미사일을 만듭니다.
우리는 생명을 앗아가는 쇳덩이를 만들고
남겨진 삶마저 갈가리 찢어버리는 파괴자가 되었습니다.

이 모든 것을 보신 당신은 분노하며 외치십니다.

학교에서 총기 난사 사건이 일어나 13명이 사망하고 수십 명이 부상당하였다.

"평화를 위해 일하는 사람은 복이 있다."

우리는 평화의 편에 서서,
평화를 위해 애쓰고 있다고 착각합니다.
하지만 우리는 꿈에서, 폐허가 되어버린 마을과 도시,
거리에 버려진 무고한 사람들의 시신,
시커멓게 그을려 형체를 알아볼 수 없는 아기들을 보면서
다른 누군가가 아닌 우리가 평화를 빼앗고, 부수고,
죽여왔다는 사실을 깨닫습니다.

혼란에 빠진 우리가 잠에서 깰 때
당신은 속삭이십니다.

"평화를 위해 일하는 사람은 복이 있다."

우리는 전쟁이 아닌 평화를 원합니다.
하지만, 평화에 등을 돌리고 핑계를 대면서
폭력에 바탕을 둔 안정을 선택합니다.
그때 당신은 새로운 희망을 말씀하십니다.

"평화를 위해 일하는 사람은 복이 있다."

주님, 우리 자신에 대한 그릇된 확신에서
우리를 구해주소서.
불확실과 혼돈 가운데 길 잃은
우리의 참모습을 직시하게 하소서.
우리의 이기적이고 뒤틀린 상상과 당신의 뜻 사이에
얼마나 크고도 깊은 구렁텅이가 가로놓여 있는지
알게 하소서.
주님, 당신의 복된 말씀을 우리에게
더 확실하게, 더 많은 분노를 담아 들려주소서.
당신의 말씀으로 슬픈 자를 위로하시며
선인과 악인 모두 당신의 말씀으로 희망을 품게 하소서.

"평화를 위해 일하는 사람은 복이 있다."

평화를 위해 일하는 사람만이
당신의 자녀라고 불릴 것입니다.
지금 우리는 감히 당신의 자녀라고 말할 수 없습니다.
우리에게 평화를 목말라하는 자유를 주셔서

우리가 걸어온 길에서 돌이켜
당신의 복된 길을 가게 하소서.
모든 것을 주셨고 아무것도 취하지 않으신
평화의 왕, 예수의 이름으로 기도합니다.
아멘.

나토NATO의 세르비아 폭격이 있던 날, 1999. 3. 25.

우리의 일그러진 삶을 바르게 펴소서

자유와 자비, 해방과 평화, 은총과 안녕… 우리는 우리에게 친숙한 이 말들을 그리워합니다. 그래서 우리는 열렬하게, 밝은 표정으로 저 말들을 말합니다. 우리는 우리가 삶을 향유하기 위해 필요한 것들이 무엇인지 생각합니다.

하지만 덧없는 일입니다. 우리는 당신만이 이 선물들을 주실 수 있음을 압니다. 거룩하시며 자애로우신 분, 정의가 꽃필 때까지 참고 기다리시는 분, 죄를 용서하시지만 선을 요구하시는 분, 우리에게 이 모든 것과 그 이상을 약속하신 분, 우리가 아는 당신의 이름은 셀 수 없이 많습니다. 주님, 우리가 지금부터 영원히 당신의 수많은 이름으로 소망을 품겠사오니 우리의 기도를 들으소서.

해방자이신 당신께 기도하오니 자유를 구하는 우리의 기도를 들으소서. 노예를 만드는 체제들에, 인간의 존엄을 비방하고 삶을 가두는 생각과 신념들에, 허무맹랑한 소원과 근거 없는 두려움에 빠져서 벗어나지 못하고, 붙잡혀서 나오지 못하는 사람들을 기억합니다. 우리 또한 자유를 가로막는 장애물과 상처와 강박과 욕망과 두려움에 사로잡혀 있습니다. 자유를 향한 길이 되시며 해방의 능력으로 우리에게 임하소서. 우리로 외치게 하소서.

"드디어 자유를! 드디어 자유로다!"*

평화의 왕이신 당신께 기도하오니 평화를 구하는 우리의 기도를 들으소서. 우리와 이웃을 가르는 모든 벽을 허물어주소서. 보수적인 교회와 진보적인 교회 사이의 불화를 푸

* 마틴 루터 킹 목사의 널리 알려진 연설('나에게는 꿈이 있습니다 Have a Dream') 문구

시고, 가난한 사람과 부자 사이의 불신과 갈등을 씻어주소서. 피해자와 가해자 사이의 폭력과 풀리지 않는 원한의 굴레를 끊으시고, 지금 여기 모인 우리 가운데 서로를 향한 오해와 편견을 없애소서. 혐오와 불의와 증오로 불타는 장소들을 정화하소서.

당신은 우리를 분열과 괴롭힘이 아니라 평화를 위해 일하라고 부르셨지만, 평화의 이야기를 꺼낼 때마다 우리의 혀는 굳어버립니다. 우리를 두렵고 소심한 마음과 무분별한 맹신에서 자유롭게 하시며 평화를 위해 기꺼이 낮아지고 약해지며 어려움을 겪도록 하소서. 우리는 당신의 자녀라고 불리기를 원합니다.

자비의 원천이신 당신께 기도하오니 자비를 구하는 우리의 기도를 들으소서. 우리의 세계는 무자비하게 자행되는 폭력으로 가득하고, 이웃을 향한 무관심과 증오가 자신을 향한 연민과 혐오의 꼬리를 무는, 우리의 힘으로 끊을 수 없는 악순환으로 신음하고 있습니다. 우리는 모든 것을 새롭게 하시는 당신께 시선을 집중합니다.

우리가 돌아오기를 기다리시는 아버지시여, 지치고 약해진 우리와 우리 이웃을 불쌍히 여기시고 받아주소서. 우리의 모든 아픔을 기억하시는 어머니시여, 낙심하고 비통한 우리와 우리 친구들의 손을 놓지 마소서. 지치지 않는 열정으로 우리를 사랑하시는 우리의 연인이여, 우리를 대적하는 이들 또한 당신의 너른 자비로 아끼고 받아주소서. 생명과 삶의 모든 선물을 주시는 창조자시여, 우리에게 낯선 사람들을 당신의 품에 고이 안으소서. 우리는 모두 당신의 사랑받는 자녀입니다. 우리 모두를 새롭게 하소서.

자유와 평화와 자비를 구하는 우리의 기도를 들으소서. 자유와 온전함과 선함 안에서 우리를 빚으소서. 우리의 일그러진 삶을 바르게 펴소서. 당신께 순종하는 것이 우리의 참된 자유이며, 당신을 찬양하는 것이 우리의 영원한 노래이며, 당신을 사랑하는 것이 우리의 유일한 선택임을 알게 하소서. 오직 당신만이 우리에게 필요한 이 모든 것을 주실 수 있습니다. 주님, 우리의 기도를 들으소서. 아멘.

콜롬비아 신학대학원에서, 1994. 1. 13.

당신의 경이로운 일들을 이루소서

당신은 우리에게 자유를 주십니다.
당신은 우리를 구원하십니다.
당신은 우리를 해방하십니다.
(이런 말을 우리는 너무나 쉽게 하곤 합니다.)
이를 알려주시는 당신의 능력에,
우리에게 내려온 당신의 열정에,
우리를 자유케 하는 당신의 자유에 감사드립니다.

당신과 함께 하는 가운데
손발이 묶인 이들,
공포와 절망에 갇힌 이들,
가난과 피로에서 빠져나오지 못하는 이들,
범죄와 전쟁과 폭력에 짓눌리고 사라지는 이들,
자기애와 교만에 취한 이들을 위해 기도합니다.

우리 가운데 당신의 경이로운 일들을 이루소서.
우리의 용사이신 당신의 강한 능력으로,

우리의 부모이신 당신의 따뜻한 친절로,

우리의 근원이자 완성자이신 당신의 영원한 사랑으로

우리 가운데 경이로운 일들을 이루소서.

약하고 소외당하는 자의 이름,

예수의 이름으로 기도합니다.

아멘.

구약학 수업, 1998. 10. 13.

당신의 신실함으로 우리를 새롭게 하소서

우리는 세상 안에서, 교회 안에서,

불안을 빌미로 서로 끌어내리고 다투면서

타인에게 잔인해지는 법을 배웁니다.

그러한 가운데

당신은 신실함이라는 거울로

자신을 드러내십니다.

낮에도 변함없이 보살펴 주시고

밤에도 우리를 지켜주십니다.

우리가 모두의 안전을 생각하게 해주시고
서로를 돌보아야 하는 존재임을 일깨워 주십니다.

주님,
당신의 신실함으로 우리의 불안을 해소하시며
우리의 폭력을 멈추게 하소서.
우리의 외로움을 달래주소서.
당신의 신실함으로 우리를 새롭게 하소서.
당신의 신실함으로 교회를, 이 도시를,
온 세상을 새롭게 하소서.
마음을 다해 당신을 사랑하고
우리의 이웃을 사랑할 때 느끼는
평안과 안정을 주소서.
기쁨으로 당신께 순종할 기회를 우리에게 허락하소서.
아멘.

사무엘하 7장 강독, 1999. 5. 4.

한나의 장소로 임하소서

주님,

우리는 당신이 한나의 기도를

계속 외면하셨다는 사실을,

그래서 그녀는 희망 없이

오랜 시간을 견뎌야만 했던 사실을

떠올릴 때마다 마음이 복잡해집니다.

그리고 지금도 세상에는 많은 한나들이 있습니다.

가난과 절망 가운데 마음의 문이 닫힌 이들,

두려움과 분노로 마음의 문이 닫힌 이들,

욕설과 폭력에 마음의 문이 닫힌 이들,

이루 말할 수 없이 커다란 상처를 받은 이들,

겁에 질린 이들이 있습니다.

이 세상에서 기쁨에 춤추는 법을

잊어버린 이들이 있습니다.

우리도 우리 자신의 마음의 문을 닫습니다.

걱정에 휩싸이고, 분노하며, 가식에 얽매이고,

지쳐서 다른 이들을 헤아리지 못하고,

욕심을 부리며 이웃과 나누기를 꺼립니다.

하지만 주님,

이는 당신이 주신 것도,

당신이 바라시는 바도 아닙니다.

하지만 주님, 오직 당신만이

한나의 닫힌 자궁을,

우리 모두의 닫힌 문을 여실 수 있습니다.

당신은 당신의 능력으로 우리에게 내일을 허락하시며,

당신의 선함으로 우리에게 희망을 선물하시고,

당신의 자비로 우리를 새롭게 하시는 분입니다.

닫힌 곳, 우리가 닫은 곳으로 오셔서

우리를 새롭게 하소서.

돌무덤이 닫혔던 금요일에도

부활의 희망이 되신 예수의 이름으로 기도합니다.

아멘.

사무엘상 1장 강독, 날짜 미상

희년을 주신 주님께

그리스도께서 부활하셨습니다!

당신은 어두운 세상에 빛으로 허덕이는

우리에게 오셨습니다.

우리는 당신이 우리의 빚을 탕감해 주시기를

매일 기도했습니다.

당신은 우리가 빚진 자를 어떻게 대하는지를 보시고

우리의 기도를 들어주십니다.

그러니 주님, 우리는 우리에게 빚진 이들,

가난한 이들, 연약한 이들, 감옥에 갇힌 이들,

학대받는 이들이 짊어진 짐을 풀어주시기를 기도합니다.

부활의 아침과 함께 떠오르는 희년은

우리의 오래된 부채에서 우리를 해방시키고

우리가 상상할 수 없을 정도로 우리를 풍요롭게 만듭니다.

부족함이 없는 당신은

성금요일에 모든 것을 내어주셨으며

당신의 가난을 통하여

많은 사람을, 우리를 풍요롭게 하셨습니다…
바라오니, 우리가 이웃과 함께
당신의 재화를 누리게 하소서.
부활하신 당신이 주시는 복으로
우리는 새롭게 시작할 수 있습니다.
가슴에 사무치고 삶의 모든 영역에서 울려 퍼지는
감사를 당신께 드립니다.
아멘.

희년에 대하여, 2000. 5. 3.

불가능한 일들을 이루소서

거룩하신 주님,
오늘 이 시간을 평화로 가는 길 위에 두소서. 아담과 하와
의 주님, 유대인과 헬라인의 주님, 노예와 자유인의 주님,
부자와 빈곤한 자의 주님, 즐거워하는 사람과 겁에 질린
사람의 주님, 세리와 율법학자와 바리새인의 주님, 만물을
새롭게 하시는 당신을 찬양합니다!

우리는 오늘 우리 가운데 화해와 용서를 허락하신 당신께 감사드립니다. 가자와 예루살렘의 낯설고 이상한 동행*, 케이프타운에서 요하네스버그까지 부는 새로운 자유의 바람**, 벨페스트의 희망적인 소식***을 우리는 알고 있습니다. 우리는 우리 가운데 일어난 내밀한 변화와 치유와 화해와 실패와 좌절과 분노와 혐오와 상처를 모두 당신에게 고합니다. 우리가 무엇을 더 말할 수 있겠습니까. 다만 당신이 하시는 일에 벅찬 마음으로 감사를 드릴 따름입니다.

모든 새로움의 주님, 우리는 분에 넘치는 희망을 품고 당신께 나아갑니다. 세상은 불가능하다고 말하지만 우리는 당신이 그 어떤 고통과 아픔도 고치실 수 있음을 믿습니다. 우리는 당신께서 르완다를 치유하시는 모습****, 아이티에

---

* 1993년 이스라엘과 팔레스타인 해방기구PLO는 오슬로 협정을 체결하면서 팔레스타인 자치와 이스라엘군의 철수를 단계적으로 시행하기로 했으나, 아직 이스라엘-팔레스타인 분쟁은 진행 중이다.

** 1994년 4월, 남아프리카 공화국은 처음으로 모든 인종에게 투표권이 주어진 선거를 치렀으며 넬슨 만델라가 62.5%의 득표율로 대통령에 선출되었다. 당선된 넬슨 만델라가 가장 먼저 한 일은 아파르트헤이트의 완전 폐지였다.

*** 1994년 북아일랜드 평화 협상을 통해 아일랜드 공화국군 임시파IRA는 정전을 선언하고 북아일랜드 분쟁은 새로운 국면에 들어갔다.

**** 1994년 4월부터 7월까지 르완다에서 후투족에 의한 투치족의 집

평화를 주시는 모습*, 보수와 진보 진영이 신뢰를 회복하는 모습, 고소득층과 극빈층이 서로를 위하고 아끼는 모습을 상상합니다. 오직 당신의 선한 활동만이 이를 이룰 수 있습니다.

상하고 연약한 우리를 치유해주시는 주님, 우리는 당신 앞에서 화해를 부르짖고 평화를 그리워하면서도, 차마 말로 못할 슬픔을 감내하면서도, 평화와 화해는 불가능하다는 생각을 떨쳐버리지 못합니다. 우리는 노숙자와 저택에 사는 사람이 한동네에 살 수 없다고 생각합니다. 이성애주의자와 성소수자들이 화목할 수 없다고 생각합니다. 우리 안의 두려움과 상처를 영원히 극복하지 못하리라 생각합니다. 우리 안에 감춰진 비밀을 가지고 순수하게 살 수 없다고 생각합니다.

그러나 우리는 상상합니다. 불가능한 당신의 은총을 구합

단 학살이 있었고, 약 100여 일간 적게는 50만 명에서 많게는 100만 명이 살해당했다고 추정된다.

- 아이티는 1993년 여객선이 침몰하여 1,500명이 넘는 승객의 대다수가 목숨을 잃었고, 1994년 4월에는 경찰이 군부 정권에 반대하는 시위대를 습격하여 최소 6명이 사망하는 사건이 있었다.

니다. 이집트에서 이스라엘을 건지셨고 죽음에서 새로운 생명을 일구어내시는 주님, 잃은 양을 데려오시고 탕자를 용서하시는 주님, 맹렬하게 질투하시며 평화를 선물하시는 주님, 우리 기도의 종착역은 언제나 기적의 주님, 당신입니다. 오늘 우리의 간절한 기도를 들으시고 불가능한 일들을 이루소서. 십자가와 부활의 놀라운 능력으로 우리를 새롭게 하소서. 우리를 송두리째 뒤흔들며 돌아가신, 그리고 부활하여 새로운 생명이라는 빛을 보여주신 예수의 이름으로 기도합니다. 아멘.

욤 키푸르*를 맞아, 1994. 9. 15.

---

* 욤 키푸르יום כיפור는 레위기 23:27~9에 근거한 유대교의 속죄일이다.

다만 당신께서 움직이시길

말씀의 주님, 능력의 주님, 생명의 주님,
당신만이 우리를 고치시고 건지십니다.
여기 모인 우리는 다시 한번 기도합니다.
당신의 웅혼한 말씀으로 우리를 부르소서.
거침없이 행하시는 가운데 우리를 이끄소서.
새롭게 하시는 당신을 기다리는 우리에게 오소서.

노예가 되어버린 당신의 피조물을 보소서.
먹을 것이 없고 입을 것이 없으며,
누울 곳이 없고 자유를 누리지 못하는 이들을,
생명의 존엄과 내일의 희망이 사라진
우리를 불쌍히 여기소서.

욕망의 수단이 되어버린 당신의 피조물을 보소서.
장엄한 계곡은 쓰레기장이 되었고
광활한 바다는 오물로 가득합니다.
검은 기름에 삼켜진 물고기의 마지막 숨소리와

버려진 화학제품으로 오염된 땅의
탄식을 듣고 응답하소서.

죽음의 구렁텅이가 되어버린 세계와
이곳에 가득한 죽음의 기운에 취해
아무렇지 않게 이웃을 버리는 이들을,
버림받은 이들을, 우리 모두를 불쌍히 여기소서.

생명을 향하여 지치지 않는
당신의 열정을 거듭 새롭게 하소서.
쇄신하시는 당신의 신비를 우리가 알게 하소서.
우리에게 말씀하소서. 당신을 향한 우리의 삶이
여기서 다시 시작하게 하소서.

당신 앞에서 우리는 헌신하기 원하지만,
우리는 스스로 움직일 줄 모릅니다.
다만 당신께서 움직이셔서
우리를 움직여주시기를 기다립니다.

주님,
당신의 영으로 용기와 힘과 자유를 주셔서
우리의 이웃을 돌보게 하시며
당신의 피조물을 사랑하게 하소서.
모든 일에 당신을 찬양하게 하소서.
상함과 찔림 가운데
이웃을 섬기고 사랑하며 아버지를 높이신
예수의 능력으로 기도합니다. 아멘.

채플 기도, 1990. 2. 5.

애가 닳도록 당신을

창조하시며 새롭게 하시는 주님,
심판하시며 구원하시는 주님,
만물에 이름을 붙여주시고 다시 빚어내시는 주님,
우리는 이렇게 당신을 즐거이 부르며 고백합니다.
당신이 그러한 분이라고 단언합니다.

하지만 마음 한구석에는

우리가 말만 앞서는 건 아닐까,

우리의 믿음과 말은 과연 일치하는 걸까,

우리가 당신을 위해 위험을 감수할 수 있을까

하는 의문이 남아 있습니다.

자신밖에 믿지 않는 냉소적인 이들로 가득 찬 이 세상에서

우리는 당신을 고백합니다.

그들은 우리의 동료이지만, 저 연약한 동료들에게

우리가 할 수 있는 것은 오직 기도뿐입니다.

주님, 저들과 함께 당신을 향해 걷기를 원합니다.

우리의 기도를 들으소서.

안개같이 드리운 우리의 의구심을 걷어내시고

강한 능력으로 우리에게 임하소서.

우리를 다스리소서.

우리를 둘러싼 당신의 경이로운 손길을

볼 수 있는 눈을 주소서.

위험하기 짝이 없는 당신의 기적을 살아갈

용감한 마음을 주소서.

끊이지 않는 의심에도 불구하고

당신을 찬양하는 입을 주소서.

죽음의 문턱 앞에서

당신을 찾는 세상과 더불어

우리는 당신을 애가 닳도록 기다리고 있습니다. 아멘.

폰라트의 '주님의 위대한 행위'Magnalia Dei 개념에 대하여,

2001. 2. 20.

우리의 금요일, 당신의 금요일

금요일입니다.

모든 선한 선물을 주시는 당신께 감사드립니다. 오늘 우리
는 "드디어 금요일이야!"하고 외치며 어린아이처럼 들떠있
습니다. 우리는 세상과 함께 금요일을 맞이할 때까지 일주
일 내내 자기 방종에 빠져 있었습니다. 그리고 나서는 하
던 일을 멈추고 휴식을 취하려 합니다. 우리는 주중에 우
리를 따라다녔던 요구 사항, 우리를 심란하게 했던 세상의
사건, 신경 쓰이는 이웃의 사정과 우리가 맡은 책임에 무
심해도 괜찮은 시간을 고대합니다.

주님, 이런 우리를 불쌍히 여기셔서 우리가 금요일을 단순히 한 주의 끝으로 여기지 않게 하소서. 금요일을 맞은 우리는 마치 일곱째 날의 당신처럼 안식을 청합니다. 우리의 삶은 노동이 아니라 안식을 위해 만들어졌다는 사실이 우리의 가장 깊은 곳에서 나와 우리를 비춥니다. 우리에게 당신의 안식에 들어갈 수 있는 순수한 마음을 주소서. 당신을 가까이함으로 우리가 우리의 참된 모습을 되찾게 하소서.

금요일은 당신이 세상의 고통과 혐오의 핵심부로 들어간 날입니다. 당신이 한없이 나약한 모습으로 세상의 가장 근본적인 무질서와 마주한 날입니다. 당신이 전능한 모습이라고는 찾아볼 수 없는, 볼품없는 인간이 되셨다는 것을 생각합니다. 주님, 오늘 우리가 "금요일의 당신"을 닮게 하소서. 당신의 약한 모습을 통해 우리가 새로운 생명을 얻게 하소서. 금요일에 돌아가신 예수의 이름으로 기도합니다. 아멘.

수업 중 기도, 1998. 1. 9.

지옥에서 구하소서

어쩌면 우리는 꽃바구니를 들고
지옥행 열차에 몸을 싣고 있었는지도 모릅니다.
크고 작은 뉴스를 접할 때마다
우리는 이미 지옥 문턱에 도착했다는 사실을 깨닫습니다.
우리는 세상에서 많은 것을 누리고 있지만,
우리 안, 그리고 주변 곳곳에는
지옥의 그림자가 드리우고 있습니다.
지옥의 손길이 드리워져 있습니다.

하지만, 주님, 당신만이 우리의 주님이십니다.
당신은 우리의 수많은 지옥 속으로 들어오셨습니다.
자신을 낮추시고 지옥의 법을 따르셨으며,
그곳에서 우리와 함께 고통받으셨고,
늘 우리 가운데 계셨습니다.
그리고 당신의 능력으로,
새로운 생명, 새로운 삶을 가져오셨습니다.
우리는 당신이 하늘로 올라가신 것보다

죽음과 부활로 땅을 회복하신 것만을 보려 합니다.

그러나 당신은 만물을 회복하시는 가운데

만물을 일으키시는 가운데

새로운 능력으로 하늘에 올라가십니다.

그러니, 오늘 우리를 우리의 부정적인

생각과 행동에서 건지소서.

오늘 이 도시를 도시의 잔혹함과

수많은 실패에서 일으키소서.

오늘 이 세상을 이미 세상에 도래한

폭력과 무관심의 지옥에서 구하소서.

오늘 우리를 새로운 찬양과 기쁨의 순종으로 부르소서.

지옥에 내려가셨고 찬란한 영광 중에

하늘로 올라가신 당신을 찬양합니다.

아멘.

사무엘하 12장 강독, 2000. 5. 2.

한 말씀만 하소서

우리는 아주 오랫동안 품고 있던 질문을 가지고

당신께 나아갑니다.

당신이 함께하기에 제기되는 질문,

당신밖에 알 수 없는 질문을 들고 나아갑니다.

우리의 어머니와 아버지뿐만 아니라

과거 수많은 이가 가졌던 질문을 던집니다.

우리는 이 질문의 답을 모르기에 질문을 떨쳐내지 못하고,

우리는 이 질문의 답을 꼭 알고 싶기에 계속 씨름합니다.

전에 질문했던 이들처럼 우리 또한 당신께 묻습니다.

과연 길르앗의 약은 있습니까?*

상하고 아픈 우리를 고치는 약은 있습니까?

어딜 가도 찾을 수 없는 돌봄과 치유가

---

* 길르앗의 약Balm of Gilead은 고대 이스라엘에서 치료 목적으로 사용되던 고급 향료로 길르앗 지방에서 생산되었다. 예레미야는 "길르앗에 약이 떨어질 리 없고 의사가 없을 리 없는데"(렘 8:22)라는 반어적인 표현으로 당대 유다왕국의 타락과 상처를 이야기했다. 영미권에서 길르앗의 약은 만병통치약을 비유하는 표현으로 쓰인다.

과연 당신의 것입니까?

우리에게 전염된 생각과 약해진 몸을 위한

약은 어디에 있습니까?

정말로 당신에게 병든 우리와 세상을 위한

처방전이 있습니까?

우리는 묻고 답을 기다리지만, 아무것도 듣지 못합니다.

얼마 지나지 않아 우리는 다른 약들을 찾아 떠납니다.

돌팔이 의사들과 엉터리 조제약을 통해

우리가 스스로 낫겠다고 생각합니다.

그러다 우리는 아직도 대답하지 않으시는

당신 앞으로 돌아옵니다.

우리는 당신이 우리 질문에

"그렇다" 대답하셨다고 짐작합니다.

당신이 이전에 노예들을 해방하신 사건과

병든 사람 가운데 예수를 보내신 사실과

치유자 성령을 붙여주신 것을 헤아려봅니다.

이제 우리는 당신의 확실한 긍정을 바라며 기다립니다.

우리의 수많은 장애와 불안과 두려움 가운데

당신의 대답을 기다립니다.

지금도 우리 안에서 요동치는 혐오와 증오와

탐욕을 느끼며 당신을 기다립니다.

우리가 이때까지 가담했던 끔찍한 폭력과 탄압을

기억하면서 당신을 기다립니다.

정말로 잊어버리고 싶은, 기억하고 싶지 않은

모든 것을 떠안고 당신을 기다립니다.

의심과 고독과 피로 속에서 당신을 기다립니다.

그리고 기도합니다.

한 말씀만 하소서. 우리가 낫겠습니다.

한 말씀만 하소서. 우리의 몸이 기뻐 움직일 것입니다.

한 말씀만 하소서. 우리의 삶이 제자리를 찾겠습니다.

예수의 삶으로 전하신 그 한 말씀을 우리에게 들려주소서.

한 말씀만 하소서. 치유하시는 당신의 응답을 기다립니다.

우리가 당신을 기다리는 동안,

우리는 신뢰와 순종으로 당신의 질문에 답하겠나이다.

아멘.

예레미야 8:18~9:3 강독, 2001. 10. 23.

진실하신 당신은

모든 진리의 주님,

우리는 말씀으로 현실을 비추시는 당신께 감사드립니다.

진실하신 당신은 세상을 보시며

참 좋았다고 말씀하셨습니다.

진실하신 당신은 우리를 영원히

사랑하겠다고 말씀하셨습니다.

진실하신 당신은 예수가 당신의 사랑하는

아들임을 확인해주셨습니다.

진실하신 당신은 우리에게 두려워 말라고,

우리와 함께하신다고 말씀하셨습니다.

진실하신 당신은 그 누구도 당신의 사랑에서

우리를 끊어낼 수 없다고 확언하셨습니다.

당신의 진실하심으로 인해 우리는 사랑합니다.

하지만 우리는 거짓으로 가득한 세상에 살고

그 가짜 세상에 기대어 미덥지 않은 삶을 좇습니다.

우리의 세계에는 유혹이 끊이지 않습니다.

우리는 이곳에서 나쁜 것을 좋다고, 좋은 것을 나쁘다고,

어둠을 빛이라고, 빛을 어둠이라고,

쓴 것을 달다고, 단 것을 쓰다고 말합니다.

전쟁을 평화라고, 평화를 전쟁이라고 말하는 이곳에서

우리는 무엇이 참이고 거짓인지를 가릴 수 없습니다.

주님, 우리에게 용기를 주셔서

온갖 미사여구로 진실을 은폐하는 세상을 떠나게 하소서.

우리가 일어나는 일을 정직하게

있는 그대로 말하게 하시며,

우리에게 주어진 것들을 이해하여

올바르게 사용하게 하소서.

당신이 우리를 사랑하시듯이

우리도 이웃을 사랑하게 하소서.

두려움에 질려 진실을 비틀고 왜곡하려는

우리의 충동을 가라앉히셔서

진실을 이야기하시는 당신에게 돌아가게 하소서.

우리 또한 당신처럼 진실을 전하며 진실을 행하게 하소서.

은총과 진리로 충만한 예수의 이름으로 기도합니다. 아멘.

예레미야 23장 강독, 2001. 10. 29.

오소서... 그리고 주소서

우리가 당신의 드넓은 나라와

크나큰 자비 아래 이루어지는 통치를 곰곰이 생각할 때

우리의 제일가는 목적은 당신을 영화롭게 하는 것과

영원토록 당신을 즐거워하는 것임을 고백합니다.*

당신의 영광과 우리의 기쁨은

한 쌍을 이루는 삶의 목적임을 고백합니다.

이것이 우리 삶의 제일가는 이유입니다.

하지만 예배와 모임을 마치고 나면

우리는 우리가 생각했던 것보다 더

우리 삶의 이유와 목적에 대해 잘 모르고 있음을

깨닫습니다.

우리는 마치 우리의 신앙을 해명하려는 듯이

찬미의 노래를 부르고,

나라와 권세와 영광이 영원토록 당신의 것이라는

---

* 웨스트민스터 소요리문답 중 첫 번째 문답

고백을 주문처럼 되뇝니다.

만족스러운 기도를 할 때는

자신감이 넘치는 큰 목소리로 "아멘"을 외칩니다.

하지만, 사실대로 말하자면…

당신의 영광과 우리의 기쁨이라는 목적은

우리에게 보이지 않습니다.

목적을 보지 못하는 우리는

삶의 의미 또한 알지 못합니다.

지금, 이 순간이 그 자체로 마침표인지

아니면 또 다른 삶으로 이어지는 쉼표인지 고민합니다.

그러니 우리는 우리보다 앞서 당신을 믿었던 이들을 따라

우리가 볼 수 없는 것을 믿습니다.

당신께서 우리에게 주시는 양식을 먹습니다.

세상에서 안절부절하고

고된 삶을 사는 우리지만

결국 우리의 목적은 당신에게로 향하는 것임을

고백합니다.

오소서, 주 예수여, 우리에게 오소서.

갈피를 잡지 못하고 헤매는 교회로 오소서.

난처하고 곤란한 우리의 상황 속에 오소서.

잠 못 이루는 밤에, 안식을 모르는 세상에 오소서.

우리에게 정의로운 평화를 주소서.

우리에게 기쁨으로 가득한 평화를 주소서.

우리에게 끝까지 사라지지 않는 평화를 주소서.

땅에서는 우리에게 평화가,

그리고 하늘 높은 곳에는 당신께 영광이 영원히,

그리고 영원히 있기를 기도합니다.

아멘.

'예레미야 52:31~34' 종강기도, 2001. 11. 2.

땅에서는 우리에게 평화가,
그리고 하늘 높은 곳에는 당신께 영광이 영원히,
그리고 영원히 있기를 기도합니다.

우리는 당신을
노래할 수밖에
없습니다

우리는 당신을 노래할 수밖에 없습니다

우리는 당신을 노래할 수밖에 없습니다.
찬양이야말로 우리 삶의 근본 이유이기 때문입니다.
당신은 우리의 입을 통해 찬양받으십니다.
당신의 영광과 존귀함을 그렇게 나타내시기 때문입니다.
그래서 우리는 소리를 높여 당신께 감사드립니다.
우리의 속셈과 이해타산을 밀어젖히는 가사와
당연하다고 받아들였던 거짓을 들추는 가락과
우리가 쌓은 탑과 벽 너머 진정한 고향을 알려주는 음조와
우리가 조종할 수 없는 삶과 절망이 가둘 수 없는 희망을
이야기하는 곡조와 운율을 주신 당신께 감사드립니다.

또한 우리보다 앞서 당신을 노래하며 나아갔던,
신실했던 신앙의 선조들을 주신 당신께 감사드립니다.
그들의 진실하고 심오한 노랫가락을 기억합니다.
때로는 우리를 대신하여, 때로는 우리와 함께,
언제나 당신을 노래하는 예술가와 시인과 음악가와
노래하는 회중과 악기를 우리에게 보내주신

당신께 감사드립니다.

우리는 당신의 눈부신 자비와 영광을 전하는 증인입니다.
이제 다시는 잠잠하지 않고 당신을 전하게 하소서.
언제나. 아멘.

시편 강의, 1999. 1. 20.

당신은 주시고 우리는 받습니다

우리는 한나처럼 당신의 백성입니다.
섭식장애로 피폐한 몸을 이끌고,
경련이 멈추지 않는 입술을 질끈 깨물고,
메마른 손과 그늘진 표정 그대로
절망으로 말을 잇지 못하는 모습 그대로
당신께 나아갑니다.
우리가 새로운 미래를 만들기 위해
절실히 필요한 것들을 우리의 힘과 능력으로는
구할 수 없습니다.

그래서 우리는 당신께 간구합니다.

그리고 당신께서는 우리에게 주십니다.

넉넉히, 풍성하게, 이루 다 말할 수 없을 만큼,

구한 것 이상을, 상상한 것 이상을,

필요한 것 그 이상을 주십니다.

당신께서 말씀하신 미래를 위해,

온전한 기쁨을 누리길 바라시며 우리에게 주십니다.

부족함에 벌벌 떠는 우리를 변하게 할 만큼 주십니다.

당신은 주시고 우리는 받습니다.

우리는 받지만, 남이 받은 것을 탐내며

받은 것을 늘리려고 합니다.

우리는 받지만,

그것이 우리가 치른 노력의 대가라고 생각합니다.

우리는 받지만,

그것을 매물처럼 사고팔 수 있다고 여깁니다.

우리는 받지만, 더욱더 많은 것을 원합니다.

당신은 주시고 우리는 받습니다.

때때로 우리는 주시는 당신께 감탄하며

순수한 마음으로 감사합니다.

때때로 우리는 기뻐하며 당신의 말씀에 순복합니다.

때때로 우리가 받은 기쁨이 자연스레

당신과 이웃을 향한 희생으로 이어집니다.

때때로 우리는 기쁨과 순종 가운데

당신께 더욱더 가까이 나아갑니다.

지금이 바로 그때입니다. 당신께 감사드립니다.

아멘.

사무엘상 1장 강독, 1999. 2. 9.

당신의 신실함

우리는 성실함과 변덕이 뒤섞인

이상한 혼합물입니다.

우리가 할 수 있는 모든 수단과 방법을 다해

당신을 붙잡곤 합니다.

당신께 수많은 기대를 하면서

우리의 삶이 오직 당신을 위한 것이길 바랍니다.

하지만 우리는 당신이 아닌 것을 좇아
당신이 없는 곳을 찾으려는 우리 자신을 발견합니다.

그러니 주님,
당신이 우리를 원하시고
우리를 기다려주시는 분이라는 사실에 감사드립니다.
당신이 우리를 향해 오시기에
우리는 당신과 만날 수 있습니다.
당신의 선함으로 인하여 죽음도 생명도 천사도
그 어떤 권세들도 높음도 깊음도 그 밖의 어떤 피조물도
당신에게서 우리를 끊어낼 수 없습니다.
당신의 신실함에 감사드립니다.
당신의 신실함은 우리의 그 어떤 것보다
확실하고 그침이 없습니다.
아멘.

예레미야 2~3장 강독, 2000년

감사한 마음을 허락하소서

수많은 증인이 당신의 한없는 자비와
너그러움을 이야기합니다.
이야기를 들을 때마다 우리는
당신을 향한 생각으로 벅차오릅니다.
당신은 말씀으로 세상의 모든 존재를 만드셨습니다.
당신의 뜻대로 노예와 억눌린 자 모두를 해방하셨습니다.
당신이 선택한 백성을 위해 위엄과 성실함을 보이십니다.
세상에 생명을 주시려고 자신의 생명을 버리신
당신을 생각합니다.
당신의 살은 생명의 양식이 되어 온 생명을 먹이고
당신의 피는 우리 위로 흘러
우리를 고치는 화해의 포도주가 됩니다.
당신은 주시며 우리는 감사한 마음으로 받습니다.

감사한 마음으로 오늘을 시작합니다.
아낌없이 주시는 당신께 드리는 우리의 선물입니다.
우리에게 주신 생명의 선물에 감사하며,

우리가 이때까지 들어온 당신의 이야기에 감사하고,
우리보다 앞서 당신과 동행했던 사람들에게 감사합니다.

우리의 마음은 감사로 가득하지만,
우리의 행동과 삶은 그렇지 않습니다.
오래된 상처가 깊은 원한으로 남아 있고,
시작할 때 가졌던 두려운 마음은
정체 모를 불안이 되어 남아 있습니다.
혼자서 다 할 수 있다는 오만함이
우리의 발목을 붙잡고 있습니다.
당신께서 주신 선물을 기억하지 못하는 우리는
결국 당신에게 가는 길을 잃어버립니다.

주님, 다만 이것을 우리에게 허락하소서.
오늘 이 순간, 우리의 삶에 당신을 향한 감사의 마음을
고이 간직할 만한 순전한 공간을 만드소서.
당신께 감사하면서 당신께서 주신 선물을 나누고,
증언하며, 살아가기 원합니다. 아멘.

'오늘'에 관하여, 2000. 7. 12.

당신이 움직이실 때

우리의 건강 전에 당신의 은총이 있었고,
우리의 희락 전에 당신의 베풂이 있었으며,
우리의 기쁨 전에 당신의 선함이 있었습니다.

당신이 움직이실 때 우리는 반응합니다.
당신은 먼저 당신의 은총과 베풂과 선함으로
그곳에 계십니다.
그리고 우리는 당신의 가늠할 수 없는 선의를 통해
은총 위에 은총을, 선물 위에 선물을,
생명 위에 생명을 받습니다.
당신이 먼저 그곳에, 처음부터 계셨기 때문입니다.
우리 삶의 모든 시작에 당신이 계십니다.

순간이지만, 우리는 우리의 능력 밖으로,
우리가 만들어내고 감당할 수 있는 범위를 넘어
새로운 자유를 경험합니다. 그곳에서 당신을 엿봅니다.
당신은 우리의 상함 가운데 아낌없이 자신을 내어주셔서

우리가 희망을 품게 하십니다.

자신을 내주는 찬란한 빛으로 우리 아픔과 함께하십니다.

그래서 우리는 부끄럽지만

떨리는 목소리로 당신을 찬양합니다.

우리의 어떠한 것도 당신의 선함에 비할 수 없기에

부끄럽습니다.

찬양의 진정한 의미는 우리의 삶을

당신께 고정하는 것이기에

떨리는 목소리로 당신을 찬양합니다.

완고한 우리의 마음은 쉽사리 변하지 않습니다.

하지만 우리는 생명의 원천이자 삶의 목적이신

당신께로 우리의 시선을 향합니다.

우리가 누리는 일상 속의 건강과, 매일 마주하는 식탁과,

우리를 사랑하고 아끼는 사람들과, 따뜻하고 안전한 집과,

우리에게 힘과 생기를 되찾아 주는 수면과,

어두운 밤이 지나고 매일 우리를 찾아오는 새로운 날과,

질서와 자존감을 선물하는 노동을 주심에 감사합니다.

그 소중함을 망각하는 일상 속에서

당신은 변함없는 신실함으로 모든 세계가
당신의 평화로 나아가게 하십니다.
익숙한 시간 가운데
새로운 말씀이 퍼지고, 새로운 생명이 태어납니다.
새로운 미래가 열리고, 새로운 모험에 나섭니다.
당신이 말씀으로 새롭게 치유하시는 동안
우리의 감사는 차오릅니다.

당신의 놀라운 일들이 시작되는 전환의 순간에
우리는 우리가 통제할 수 있는 범위 밖에서,
우리가 용납할 수 있는 한계를 넘은
당신의 강력한 손길을 어렴풋이 발견합니다.
주님, 할 수 있는 모든 것을 소진한 우리는
당신께 고백합니다.
당신이 우리를 버티게 하시며, 우리를 깨뜨리십니다.
우리에게 생명의 능력과 새로운 삶을 주시는
당신을 찬양합니다. 아멘.

노스캐롤라이나 샬럿의 마이어스 파크 침례교회에서,
1990. 10. 21.

조건 없는 당신

우리는…
어쨌든 당신의 신실한 백성이 되겠다고 기도합니다.
여하간 당신을 마음을 다해 사랑하겠다고 고백합니다.
어쩌면 이웃을 우리 자신처럼 사랑할 수도
있겠다고 말합니다.
그러나 당신은 "어쨌든", "여하간", "어쩌면"이라고
조건을 달지 않으십니다.
"아니다"라고도 말씀하시지 않습니다.
언제나 "그렇다"라고 말씀하십니다.
명확하고, 직접적이며, 모호하지 않고
신뢰할 만한 답을 주십니다.
당신의 "그렇다"가
우리 가운데 육신이 되심에 감사드립니다.
아멘.

구약학 수업, 1998. 11. 3.

오롯이 주시는

모든 것을 지으시고 모든 은총을 주시는 창조주,

다이에누*… 우리에게 주신 은총이 차고도 넘치나이다!

우리를 구하시고 새로운 피조물로 빚으신 거룩한 영,

우리의 먹을 음식과 삶의 누릴 은총을 늘리시는 주님,

우리는 당신의 덕을 입은 자녀로 특별한 대우를 받습니다.

넉넉한 양식과 여러 가지 옷과

든든한 친구와 삶의 안전과 보호를 누리며 살고 있습니다.

우리는 이러한 특혜를 당연한 것으로 여기며 삽니다.

당신께 감사드립니다.

하지만 우리는 당신께 감사의 노래를 부르면서

전쟁으로 집과 고향을 잃어버린 난민들과

흑자와 경제 호황을 누릴 때도 사라지지 않는 가난의 문제와

집이 넘침에도 불구하고

길가에 나앉은 수많은 노숙인을 기억합니다.

---

* 다이에누עֲדַיֵּנוּ: 유대 성서의 해석서인 학가다הַגָּדָה에 실린 노래로 유
대 유월절을 기리면서 불렸다. '다이에누'는 대략 '이것만으로 충분
하거늘/족하거늘!'을 뜻한다.

당신이 교회와 함께하신다는 것을 알면서도
우리는 교회를 두려움과 분노와 잔꾀로 채우려 합니다.
우리는 우리의 성취와 재산과 명예만을 생각하려 합니다.
우리는 영원한 생명을 유업으로 받기 원한다고 말하지만,
곧 등을 돌려 우리가 가진 것들을 움켜쥐려 합니다.

모든 것을 진실하게 영원토록 주시는 주님,
당신은 우리의 두려움을 말씀으로 내쫓으십니다.
우리의 빈곤함을 당신의 풍요로움으로 채우십니다.
우리의 인색함을 당신의 너그러움으로 덮으십니다.
우리는 당신께서 먹이셨던 5,000명입니다.
우리는 우리가 배불리 먹고도 남은
열두 광주리를 보고 크게 놀랍니다.
우리의 감사한 마음은 당신의 자비에
감히 비할 수 없습니다. 하지만 감사합니다.
우리에게 모든 선물을, 특히 당신의 생명 그 자체를
우리에게 선물로 주셔서 감사합니다.
감사합니다. 아멘.

기도 '다이에누(이것만으로 족하거늘!)', 1998. 10. 20.

두려움보다 크신

우리는 위험을 피하는 삶이 무엇인지,
어딘가로 숨는 삶이 무엇인지 잘 모릅니다.
안전하고 특권을 누리면서 사는 우리는
진짜 폭력에 노출되는 삶이 무엇인지 알지 못합니다.
그럼에도 불구하고 우리는 두려워하며,
두려워하기에 기도합니다.
보이지 않는 적들과
어렸을 적부터 지금까지 가시지 않은 오래된 불안과
밤마다 찾아와 걷잡을 수 없이 격동하는
충동이 있기 때문입니다.
우리는 불안에 사로잡혀 제정신이 아닌 모습으로,
황량하기 이를 바 없는, 두려움에 빠진 모습으로
우리에게 절실한 간구를 당신께 하나둘씩 쏟아냅니다.
주님, 이런 우리를 불쌍히 여기소서.
오직 당신께, 당신께 우리의 시선을 향하게 하소서.
그때에야 우리를 사로잡은 불안에서 벗어나게 되고
긴장과 압박을 오가던 심신에 평안함이 깃듦을

우리는 압니다.

그때에야 우리의 세상에는 자신감과 감사가 넘칩니다.

우리가 우리의 말을 믿어서 가능한 것이 아닙니다.

오직 당신이, 강하고 담대하며 미쁘신 당신이

우리의 삶에 있는 것보다도 큰 모습으로

두려움보다도, 불안보다도 큰 모습으로

계시기 때문입니다.

당신의 큰 존재감으로 우리는 만족합니다.

잠시나마 경계를 내리고

우리의 약한 모습 그대로 당신께 감사드립니다. 아멘.

9.11 테러 사건 이후, 시편 54편 강독, 2001. 9. 26.

내어주시는 당신

당신은 우리에게 요구하시고 명령하시며,

우리가 희망을 놓지 않도록 약속하시며,

우리에게 놓인 착취의 굴레를

매번 무너뜨리시는 구원자이십니다.

명령하시고 약속하시며 구원하시는 당신의 모습에서
내어주시는 당신을 발견합니다.
자신의 소유를, 생명마저도 거침없이 나누시고
아낌없이 주시는 당신의 모습을 가장 먼저, 자주,
그리고 무엇보다 선명하게 볼 수 있었습니다.

당신은 우리에게 아름답고 풍요로운 세상과
축복과 그 세상의 결실을 주십니다.
당신은 우리에게 오늘 하루를 버틸만한
힘을 주시고 보호해 주셔서
낮의 해가 우리를 해치지 않고
밤의 달이 우리를 상하지 않게 하십니다.
우리에게 주시는 축복과 나눔의 한가운데에는
우리에게 주신 당신의 유일한,
당신이 사랑하시는 아들이 있습니다.
또한 당신은 우리에게 능력과 생명과
지혜로 가득한 성령을 보내주시며
성령의 은사를 망설임이나 주저함 없이
모두 베풀어주십니다.

그렇게 우리는 당신이 주시는 모든 것을 받습니다.

우리는 당신이 주시는 선물 없이 살아갈 수 없고,

당신께서 허락하신 것 이외에는 소유할 수 없습니다.

우리에게는 다른 선택의 여지가 없습니다.

그런데도 우리는 불안해합니다.

당신께서 주시는 것으로만 산다면

과연 안전할까, 학점은 잘 나올까,

돈은 넉넉할까, 친구들은 충분할까,

섹스와 맥주는 이제 안녕인 것일까,

고급 승용차는 포기해야 하는 걸까,

수강생의 숫자와 거액의 기부금에 초연할 수 있을까,

우리의 미래는 어떻게 될까 걱정합니다.

그래서 우리는 만약의 경우를 대비하는 보험을

하나둘씩 들어놓습니다.

그럴 때면 당신은 다시금

우리를 깜짝 놀라게 하는 선물을 주십니다.

그제야 우리는 불안을 벗고 감사 안에서

자비로운 당신이 우리에게 항상 넘치도록 주시며,

당신의 내어주심 가운데 우리가

성자의 형상이 새겨진 우리의 참모습을
되찾아간다는 사실을 기억해냅니다.
우리는 당신의 너그러움을 생각하면서 할 말을 잊습니다.
주님, 우리는 스스로 감사에,
그리고 너그러움에 선을 그어 놓습니다.
우리가 정해놓은 선,
우리가 알고 있는 우리의 최선의 모습 밖으로
우리를 이끄소서.
당신이 보여주신 경이로운 길에 늘 사로잡힌 채,
당신이 사랑하시는 세상을 사랑하면서,
두려움을 기쁨으로 변하게 하는 찬양에서
떠나지 않도록 우리를 인도하소서.
경이와 사랑과 찬양 안에서
우리의 삶이 자신을 벗어나 늘 당신을 향하고
세상에 당신의 복을 전하게 하소서.
자신을 비울 때까지 내어주셔서 존귀함을 입으신
그분의 이름으로 기도하오니 우리의 기도를 들으소서.
아멘.

채플 기도, 2001. 9. 20.

경이와 사랑과 찬양 안에서
우리의 삶이 자신을 벗어나 늘 당신을 향하고
세상에 당신의 복을 전하게 하소서.

교회력에 따라
드리는 기도

우리의 시간을 점령하소서

우리의 시간은 당신께 달려있습니다.
하지만 우리는 자신을 위해서만 시간을 쓰려고 합니다.
우리의 욕망을 채우기 위해 하루를 보냅니다.
우리의 일과 여가로 일주일의 계획을 짜고
우리의 두려움이 반영된 연중 목표를 세웁니다.
이에 당신은 말씀하십니다.

    "너희의 시간은 내 것이다."

주님, 우리의 시간을 당신의 것으로 삼으소서.
사랑이 오가는 시간과 지쳐서 움직이기도 싫은 시간
모두 당신의 것이니
이 모든 시간을 복되게 하시며 새롭게 하소서
당신께서 새롭게 하신 시간을 다시 우리에게 주소서.
우리는 그 시간 속에서 더디지만 간절하게 당신을 바라며,
언제나 이웃을 향하는 당신의 발걸음에
우리의 시선을 고정할 것입니다.

우리의 시간을 점령하소서.

당신이 깃든 순간으로 우리의 일상을 덮으소서.

육신을 입은 당신의 영원한 순간이신

그분의 이름으로 기도합니다.

아멘.

'희년', 몬트리트 컨퍼런스, 2000. 6. 1.

담담한 은총과 초조한 마음을 주소서 – 대림절 기도

우리 내면 가장 깊은 곳에는

당신이 오시기를 바라는 갈망이 있습니다.

하지만 반복되는 절망과 기다림 속에서

우리는 당신이 정말 오시는지 의심합니다.

하지만 지금, 우리는 이 특별한 장소에서

우리보다 더 간절하게 당신을 바라는 사람들과

우리보다 더 끔찍한 절망을 겪은 사람들 가운데 있습니다.

대림절을 맞이한 당신의 교회와 자녀를 굽어살피소서.
이 희망의 계절, 우리는 너무나도 쉽게 지칩니다.
이 기다림의 계절, 우리의 분쟁과 다툼은
멈추지 않고 있습니다.

우리의 머리부터 발끝까지
오로지 당신께 집중하면서 기다릴 수 있도록
담담한 은총과 초조한 마음을 주소서.
당신을 기다리다 우리가 스스로
우리를 파괴하지 않을까 불안합니다.
당신의 강한 능력으로 우리에게 오소서.
당신의 약함과 겸손함으로 우리에게 오소서.
모든 순간 가운데 오셔서 만물을 새롭게 하소서.
아멘.

1994년

폭력과 수난 가운데 – 성탄을 기다리며 드리는 기도

끔찍한 폭력 가운데 약속하신 아기를 보내주신
당신께 감사드립니다.
우리는 예루살렘의 유산을 이어받은,
베들레헴 마을에 일어난 기적을 노래합니다.
그 순간, 왜 다른 아기들이 무참히 살해당해야 했는지
우리는 이해할 수 없습니다.
다만 우리는 당신의 나라가 폭력과 고통으로
가득 찬 세상 가운데
우리에게 임했음을 알 뿐입니다.

오늘날 여전히 수많은 폭력과 고통이 있습니다.
주님, 당신의 나라가 임해야 할 때입니다.
그래서 우리는 간절한 마음과
크나큰 두려움을 가지고 당신을 기다립니다.
당신이 생각하는 불의는 우리가 생각하는 불의와
일치하지 않을 수 있기 때문입니다.
그럼에도 당신의 나라가 하늘에서와같이

땅에서도 이루어지길 기도합니다.

주님, 우리는 기다림에 지쳤습니다.
우리는 냉소적인 세상에 살면서
우리가 통제할 수 있는 것들에 안주합니다.
하지만 우리 삶의 진정한 주인은 당신임을 알고 있습니다.
당신의 사랑의 빛을 우리가 보기 한참 전부터
당신은 영원한 사랑으로
우리의 구원을 준비하셨음을 알고 있습니다.

그래서 우리는 먼 옛날 연약한 아기의 몸으로 온,
만물을 새롭게 하는 당신을 기다립니다.
아멘.

1976. 12. 6.

다시 태어나야 할 때 – 주현절(공현절) 기도

태어날 때가 있고, 죽을 때가 있습니다.
그리고 지금은 다시 태어나야 할 때입니다.
그래서 우리는 얼굴을 들어
생명의 주님께, 모든 순간의 주님께,
모든 새로움의 주님께 간구합니다.

주님, 우리의 시간은 당신의 것이니
우리의 기도를 들으소서.
강박적 순종에 눌린 우리에게
복음의 자유가 싹트게 하소서.
제멋대로 사는 우리에게
당신을 따르는 제자도가 다시 불타오르게 하소서.
냉소로 일관하는 우리가 순수한 아기 그리스도를
닮은 모습으로 다시 태어나게 하소서.
두려움에 위축된 우리를
권세자와 지배 체제에 맞서는 용기로 채우소서.
죄책감에 몸부림치는 우리가

너그러운 당신의 용서를 맛보게 하소서.
절망에 빠진 우리가
당신의 약속을 다시 기억하게 하소서.
모든 것을 통제하고픈 우리에게
십자가의 약함을 가르쳐 주소서.
피해 의식에 젖어 가시가 돋친 우리가
부활의 능력으로 새로 태어나게 하소서.
피곤하고 지친 우리를
강림하시는 성령의 능력으로 새롭게 하소서.

당신께서 시작하신 모든 새로움의 역사를
우리에게, 우리를 위해, 우리를 통해 이루소서.
당신께서 주시는 새로움을
적극적으로 받아들이게 하소서.
새로움을 입은 우리가
당신의 품에서 현실 세계로 떠오르게 하소서.

우리는 우리뿐만 아니라
우리가 몸담은 학교와 삶의 가장자리에 있는 교회와
갱신을 기다리는 도시와 당신의 온 피조물을 위해

기도합니다.

우리는 당신을 간절히 기다립니다.

지금은 다시 태어나야 할 시간입니다.

우리는 당신의 새로움이 겪는

해산의 고통을 느낄 수 있습니다.

예수의 이름으로 지금 우리에게 오소서. 아멘.

주현절(공현절), 호세아 13:12~14과 요한복음 3:1~21 강독,

1997. 1. 7.

무거운 마음으로 희망을 – 참회의 화요일 기도*

우리는 어둠이 길게 드리운 아스돗의 밤을 기억합니다.

당신은 블레셋에 오랫동안 잠잠히 계셨습니다.

당신은 가만히 블레셋 신들이

---

* 참회의 화요일Shrove Tuesday은 사순절기의 시작을 알리는 재의 수요일Ash Wednesday 전날로, 옛 교회는 사순절을 맞아 금욕과 절제의 기간에 들어가기 전 축제를 벌이곤 했다.

승전가를 부르는 모습을 지켜보셨습니다.

이제 우리는 어둠이 길게 드리운 사순절을 맞습니다.
이 시기 우리는 이상할 정도로 침묵하셨던
당신을 생각하며,
예수의 고난을 우리 영혼 깊은 곳에 품습니다.
우리의 연약한 운명과, 우리는 결국 죽는다는 사실에
다시금 눈을 맞춥니다.
당신의 부재와 연결된 쓰라린 상실감을 깨닫도록
우리의 삶을 다시 조정합니다.

이제 우리는 우리의 잔인한 모습을 봅니다.
느긋하게 쾌적한 삶을 즐기는 동안
가난한 이웃과 집이 없는 이웃과
착취당하는 이웃을 방관하는 자신을 보면서
얼마나 탐욕이 우리 깊숙이 들어와 있는지 이해합니다.

그러다가 어둠이 길게 드리운 밤이 오면
우리의 눈은 아스돗을 향합니다.
그리고 기다립니다.

당신의 부재를 묵상하며,

무거운 마음으로 희망을 품습니다.

십자가에 매달리신 분의 이름으로 기도합니다. 아멘.

참회의 화요일 사무엘상 5장을 읽으면서, 2001. 2. 27.

고난에 동참하게 하소서 — 사순절 기도

세상의 분쟁과 암투는 끝날 것 같지 않습니다.

이 소용돌이는 우리를 끊임없이 집어삼킵니다.

불안에 사로잡힌 우리는 타인을 그 소용돌이로 내몹니다.

이렇게 걷잡을 수 없는 폭력의 와중에

당신은 당신의 사랑하는 아들을

우리에게 보내셨습니다.

그리고 그는 도살장으로 끌려가는 어린 양처럼

침묵한 채 죽음을 맞이했습니다.

주님, 벗어날 수 없는 처지에 놓인 우리를 불쌍히 여기시고

우리의 삶 속에 예수의 고난을

헤아릴 자리를 마련해주소서.
아들을 통해 당신이 부르시는 고난에 동참하게 하소서.
당신의 고통에 들어가는 것이
당신의 새로움으로 나아갈 유일한 길임을 고백합니다.

사순절을 맞은 당신의 교회를 위해 기도합니다.
세상과 이웃의 고통을 외면하고,
자신의 고통을 회피하며
당신의 고난을 부인하는 우리를 불쌍히 여기소서.

가져갈 뿐인 우리가 — 사순절 기도

모든 완전한 선물과 은총을 내리시는 당신께서
세상에 빛과 생명을 주시며,
이스라엘 백성을 파라오의 압제에서 자유롭게 하십니다.
세상을 사랑하셔서 아들을 보내주셨고,
우리에게 자신을 내어주셨습니다.
당신의 모든 것을 주셨고, 우리의 죄를 용서하셔서

모든 잘못과 허물을 기억하지 않으십니다.

우리는 가져가는 것으로 당신께 화답합니다.
우리는 당신께서 주시는 것을 게걸스럽게 가져갑니다.
가까운 이웃의 호의와 나눔을 당연한 듯이 가져갑니다.
먼 이웃을 착취하고 수탈한 결과물을 흔쾌히 가져갑니다.
고민 없이 우리보다 약한 이웃에게서 빼앗고 가져갑니다.
우리의 손이 닿는 모든 것을 갖기 원합니다.
사순절 기간 우리의 가져가는 모습을 바꾸어주소서.
기쁨과 절제와 배려 안에서
당신이 넉넉하고 넘치도록 주시는 것들을 누리게 하소서.
아멘.

사무엘상 8장 강독, 2001. 3. 1.

우리가 당신을 잘못 이해한 것입니까? – 사순절 기도

우리는 평화의 왕이신 당신에게 경의를 표합니다.
그러고서는 매일 폭력을 일삼습니다.

가까운 이웃에게는 폭력적인 말과 행동을 일삼고,

먼 이웃에게는 폭력의 구조를 만들어 그들을 착취합니다.

그렇게 우리는 당신이 만드신 세계를

탐욕에 이끌려, 자신도 모르게,

자신이 아닌 것을 파괴하고 소비합니다.

그리고 우리의 폭력은

당신께서 대홍수로, 열 가지 재앙으로,

가나안 정복으로 허다한 민족을 말살하셨을 때부터

시작되었다는 사실을 마주합니다.

주님, 그렇다면 당신이 잘못하신 것입니까?

아니면, 우리가 당신을 잘못 이해한 것입니까?

평화의 왕이신 주님, 폭력에 굶주린

우리의 모습을 몰아내소서.

이 사순 기간, 탐욕을 섬기던 우리의 습관을 벗고

야위고, 가난해지며, 잠잠한 가운데 당신을 알게 하소서.

평화의 왕이여, 당신의 불타는 마음으로 우리를 이끄소서!

아멘.

사무엘상 15장을 읽고, 2001. 3. 27.

당신의 고난으로 — 성주간(고난주간)에 드리는 기도

교회마다 당신의 고난과 사랑을 기리는 선율이
울려 퍼지는 성주간입니다.
임박한 성목요일과 성금요일을 준비하면서
우리는 깊은 생각에 빠집니다.
진심 어린 변화를 불러오는 당신의 말씀에
우리의 시선이 멈춥니다.

　"그가 찔림은 우리의 허물을 인함이요,
　그가 상함은 우리의 죄악을 인함이라.
　그가 징계를 받음으로 우리가 평화를 누리고,
　그가 채찍에 맞음으로 우리가 나음을 입었도다."

우리는 당신의 희생이 어떻게 우리를
낫게 하였는지 생각해 봅니다.
그리고 우리는 이 놀라운 신비에 기대어 쉼을 청합니다.

주님, 이 땅에는 아말렉 사람들로,

우리가 말살해버리고 싶을 정도로
미워하는 사람들로 가득합니다.
이곳은 우리의 원수와 그들의 원수와
수많은 대적과 원수들의 주검으로 가득합니다.
하지만 우리도, 우리의 원수도, 아말렉 사람도,
서로를 죽이고 탄압하는 것으로 자신의 가장 고귀하고
성스러운 신념을 구현한다고 믿습니다.

주님, 당신은 용서를 선택하셨고,
우리를 불쌍히 여기셔서 몸소 폭력을 당하시는 것으로
우리를 구하셨습니다.
이제 당신의 교회가 고난주간 동안
우리가 견디지 못하고 당혹스러운 십자가의 신비와
우리가 회피할 수 없는 폭력의 계보를 두고
씨름하게 하소서.
우리를 붙잡던 죽음의 손아귀에서 구하시고
당신의 순전함으로 우리를 움직이소서.
당신의 약함으로 우리를 움직이소서.
당신의 고난과, 고난 속에서도 불타던
당신의 열망으로 우리를 변화시키소서.

서로를 정죄하고 죽이는 아말렉의 세상에서
우리를 구하소서.
우리가 평화를 누리도록 상처받으신
그분의 이름으로 기도합니다. 아멘.

　　　　미국이 세르비아를 폭격하던 날(사무엘상 15장을 읽으며),
　　　　　　　　　　　　　　　　　　　　　　1999. 3. 30.

우리는 잠시 이 시간의 포로로 남아 있습니다
― 성주간(고난주간)에 드리는 기도

당신은 당신의 백성이 시온산으로 돌아오고
행복을 되찾는 이야기를 통해
당신의 영광을 다시 한번 알리셨습니다.
이때까지 멸망과 죽음에 대한
당신의 말씀을 읽었던 우리는
메마른 곳을 샘터로 만드시고,
황무지에 크고 정결한 길을 트시며,
길가의 승냥이까지 행복하게 만드신다는

기쁜 소식을 듣고 즐거워합니다.

우리는 당신께서 당신의 백성을 되찾으셨고

건지셨다는 소식에 벅차오르는 마음과 감사를 느낍니다.

이 소식을 듣기 전 우리는

더는 내려갈 수 없을 정도로

타락한 목요일을 경험했습니다.

통곡하던 금요일,

우리에게 닥쳐온 멸망과 실패와 죽음의 날과,

당신께서 견디신 고통과 수난의 날을 지켜보았습니다.

이제 우리는 어둡던 날의 기억을 딛고

당신의 복된 소식을 듣고 기뻐 뛰며 노래하는

부활의 문을 열려 합니다.

성서에 기록된 말씀처럼

우리도 삶의 자리를 박차고 일어나

당신께서 약속하셨던 곳으로,

"우리보다 먼저 가신 갈릴리로" 달려가기 원합니다.

주님, 그러나 우리는 여전히 당신을 배반했던 목요일과

당신 앞에서 소리 내어 울었던 금요일에 멈추어 있습니다.

그날 밤, 횃불과 무기를 들고 나타난 무리의 고함과

조롱은 우리의 발걸음을 붙잡아 세웁니다.

붙잡힌 우리는 지금이라도 춤을 추고 싶은 마음이

가득하지만, 기다리기로 합니다.

우리는 여기서 잠시 이 시간의 포로로 남아 있습니다.

아멘.

나토NATO가 세르비아를 폭격하던 날,

성목요일에 이사야 35장을 읽으면서, 1999. 4. 1.

희망의 중심 - 성목요일(세족목요일)에 드리는 기도

공포와 배신과 부정으로 점철된 오늘

우리의 일상이 잠시 멈춥니다.

누가 이새의 여덟 번째 아들에게서

고대부터 지금까지 이어진 희망의 중심이

나오리라고 생각할 수 있었을까요?

누가 자격이 검증되지 않은 갈릴리 출신의 젊은 랍비가

세상에서 영원한 새로움의 중심이 되리라고
상상할 수 있었을까요?
가장 높으신 당신, 왕중왕이신 당신이
세상이 비웃을 만큼 약소하고 보잘것없는 일꾼들을 통해
모든 피조물을 자신의 새로움으로 들어가게 하심을
누가 이해할 수 있었을까요?

당신의 신비에 놀라 어쩔 줄 모르는 우리가 기도하오니,
보잘것없고, 검증되지 않고, 취약한 장소에서
우리의 삶을 철저하게 돌아보도록 자유를 주소서.
우리가 촘촘하게 짜두었던 안전망을 뚫고 나올 수 있는
자유를 주소서.
우리가 꺼리는 낯설고 무서운 새로움의 장소로 들어갈
용기를 주소서.
십자가의 능력으로 우리가 십자가를 지게 하소서.
우리는 당신의 부활에 참여하기 원합니다.
아멘.

성목요일에 사무엘상 16:1~13 강독, 2001. 4. 12.

당신이 상처 받았던 그 날에 – 성금요일에 드리는 기도

신실함과 긍휼로 매일 우리를 지키시는 거룩하신 주님, 오늘 우리는 우리의 주위를 맴도는 또 다른 기운, 우리를 무력하고 피폐하게 만드는 끔찍한 죽음의 힘을 감지합니다.

우리는 우리와 세상이 언제나 파괴의 일로에 있다는 사실을 압니다. 식지 않는 분노와 사라지지 않는 두려움 가운데 불타오르는 야만을 봅니다. 우리는 야만의 흔적을 잔인과 가난과 배고픔으로 가득한 세상 곳곳에 새깁니다. 죽음이 곳곳에 있습니다.

하지만 오늘, 수많은 날 중 특히 오늘 거대한 어둠의 그림자가 크고 강한 모습으로 우리를 감쌉니다. 오늘 세 시간동안 암흑과 큰 지진을 겪었을 때 괜히 예루살렘의 유대인들이 벌벌 떨었던 것이 아닙니다. 오늘 무자비한 죽음이 사납게 뛰놀았을 때 괜히 제자들이 완전히 패배했다는 무력감에 젖어 자포자기했던 것이 아닙니다.

우리의 삶은 어떤 마을의 놀이터와 같습니다. 한낮에 그곳은 신나게 노는 아이들로 가득합니다. 그렇지만 이내 밤이 찾아오고 아이들이 사라지면 놀이터에는 적막만이 맴돌고 놀이터는 공포와 두려움의 공간으로 바뀝니다. 오늘, 성금요일은 아이들이 사라진 한밤중의 놀이터, 가장 깊은 어둠에 잠긴 놀이터와 같습니다. 걷잡을 수 없는 공포가 닥쳐오고 우리의 말문은 굳게 닫힙니다. 우리가 어찌할 수 없는 침묵만이 우리 주변을 맴돌고 있습니다. 주님, 우리는 속수무책의 모습 그대로 당신께 나아갑니다. 오늘 우리는 십자가에 달린 당신을 기억합니다. 감사를 표현합니다. 하지만 그 순간조차 죽음의 무서운 위협과 강력한 모습은 우리의 뇌리에서 사라지지 않습니다.

이런 우리의 공포, 두려움, 상처를 우리가 이때까지 헤아리지 못한 상실과 고통 모두를 예수의 죽음이라는 전 우주적 슬픔이 모읍니다. 우리는 그 참혹했던 금요일의 순간, 당신이 상처받았던 그 날을 다시 한번 기억하고 살아냅니다.

주님, 어둠과 큰 지진이 우리를 덮을지라도 우리에게 죽음을 온전히 볼 수 있는 눈과 죽음의 능력을 두려움 없이 전하는 입을 주소서. 놀이터에서 아이들의 소리가 들리지 않을지라도 무서워하지 않고 그 침묵을 견딜 수 있는 용기를 주소서. 당신께서 이 모든 와중에도 우리를 더욱 살피시기를 당신의 약속을 지키시기를. 모두를 치유해주시기를 기도합니다.

당신 또한 피할 수 없었던 죽음을 우리가 회피하지 않게 하소서. 당신은 숨을 거두셨지만 사라지지 않으심을 믿습니다. 생명의 불씨는 희미해졌지만 꺼지지 않음을 믿습니다.

죽음마저 초월하는 생명의 능력과 새로움의 약속이 당신의 것임을 찬양합니다. 우리는 당신의 능력과 약속 안에서 오늘을 견딜 수 있습니다. 우리는 이날이 결코 마지막이 아니라는 것을 믿습니다. 우리는 새로운 생명이 움트는 날을 기다립니다. 우리의 기도를 들으시고 우리에게 숨김없이 당신을 나타내소서. 아멘.

성금요일, 1991년

새로움을 주신 당신 — 부활절에 드리는 기도

그리스도께서 부활하셨습니다!
부활을 선물하신 당신께 감사드립니다.
부활은 우리의 이해의 틀과 사유의 근거를 뛰어넘고,
우리의 경험과 삶에서 나오는 중력에 구애받지 않습니다.

우리는 죽음의 권세를 압니다.
여전히 우리 가운데 어른거리는 죽음의 기운을 알고,
여전히 당신에게서, 이웃에게서,
우리가 되어야 하는 모습으로부터
우리를 갈라놓는 죽음의 힘을 알고 있습니다.
우리는 공포와 탐욕과 불안과
잔인과 교만의 위험을 압니다
세계 몰아치는 파도와 같은 그들 앞에서
우리는 무력합니다.

그때 당신께서 나타나십니다.
새벽에, 희망을 머금고 밝아오는 모습으로,

어둠 속에서, 돌무덤 속에서 부활을 기다리시다가,

이전에는 알지 못하던 기쁨을 세상에 주시기 위해

다시 살아나십니다.

나라는 당신의 것이며,

그 나라에 죽음은 찾아볼 수 없습니다.

권세 또한 당신의 것이며,

죽음의 권세 또한 그 아래 굴복합니다.

영광은 당신의 것이며,

거기서 죽음은 얼굴을 들지 못합니다.

모든 것이 당신, 당신의 것입니다.

우리의 힘으로는 결코 얻을 수 없었던

새로움을 주신 당신께 감사드립니다.

아멘.

부활 2주간 화요일, 2000. 4. 25.

우리는 당혹스럽습니다 – 부활절에 드리는 기도

그리스도께서 부활하셨습니다.
참으로 부활하셨습니다!
우리가 큰소리로 외치는 부활의 소식은
동시에 우리를 당혹스럽게 만듭니다.
이 소식을 적절하게 묘사할 말이 우리 사전에는 없기에
우리는 탁상공론을 벌이고 마음을 졸이며 생각하고
또한 궁금해합니다.
그리고 "영적"과 "육체적"이라는 단어가
우리의 이해를 돕는다고 생각합니다.
풍요롭고 배부르고 안전하고 미래가 보장된 우리는
여전히 당신의 부활을 당혹스러워하며
보다 명쾌한 설명을 원합니다.

하지만 당신의 부활을 듣고 당혹감보다는
경이로 말을 잇지 못하는 사람들이 있습니다.
최저 시급으로 일하면서 부활의 이야기를 듣는 사람,
방사선 치료로 몸이 망가지는 와중에

부활의 이야기를 접한 사람,

피로와 절망으로 삶의 마지막 기운마저 쇠잔한 가운데

부활의 이야기를 발견한 사람…

빈곤과 굶주림과 불안 속에서

아무것도 보장받지 못한 그들은

오직 당신께서 부활의 모습으로

그들을 찾아오시기를 기다립니다.

당신께서 "나다. 안심하여라. 겁낼 것 없다" 하고

말씀하시기를 기다립니다.

우리를 우리의 당혹감과 수많은 해석에서 건지소서.

우리가 부활의 경이로움에 놀라워하며

부활을 간절히 바라는 사람들 가운데 있게 하소서.

당신의 생명을 우리 모두에게 보이소서.

부활의 진실로 우리에게 오소서.

부활의 두려움으로 우리에게 오소서.

부활의 기쁨으로 우리에게 오소서.

부활을 누리게 하소서. 아멘.

부활 2주간 화요일, 2001. 4. 17.

생명으로, 새로움으로 – 부활절에 드리는 기도

그리스도께서 부활하셨습니다… 참으로 부활하셨습니다!
부활하신 당신께서 새 생명으로 세상을 활보하십니다.
새로 임한 당신의 나라를 외치는 소리가
하늘 가득히 울려 퍼집니다.
신비로운 기운을 두르고 성난 바다 위로
터벅터벅 걸어오십니다.

생명을 주시는 당신은
우리에게 매우 기이하고 예외적인 분이십니다.
우리는 젊은 나이에 우리의 곁을 떠난 이들,
우리의 세금으로 산 미사일이 쏟아지는 세르비아,
갑작스러운 질병 선고를 받은 우리의 벗들,
'구조조정'과 같은 경제용어로 포장된 인원 감축의 소식,
기하급수로 늘어나는 특권층의 자본,
너무나도 부족한 공공 보건과
불안에 사로잡혀 극단으로 치닫는 당신의 교회들처럼
죽음의 기운에 둘러싸여 있기 때문입니다.

하지만 당신께서는 장소와 때를 가리지 않고
우리에게 오십니다.
당신이 "두려워 말라"라고 말씀하실 때
우리는 위로를 얻습니다.
당신이 "너희에게 평화를 주고 간다"라고 말씀하실 때
우리는 잠시 쉼을 누립니다.
당신이 "돌아가라. 그리고 이제부터 다시는 죄짓지 마라"
라고 말씀하실 때
우리는 새로운 삶과 정의를 어렴풋이 이해합니다.
당신은 말씀하시고 우리는 듣습니다.
당신은 치유하시고 우리는 고침을 받습니다.
생명으로, 새로움으로 우리를 위해 활동하시며
늘 우리와 함께하시기에
우리는 당신을 향한 감사의 마음으로 어쩔 줄 모릅니다.
아멘.

부활 2주간 화요일, 1999. 4. 13.

죽음은 당신을 붙잡지 못했습니다

– 부활절에 드리는 기도

그리스도께서 부활하셨습니다!

우리는 예레미야 선지자가

진흙투성이 물구덩이 속에서

자신을 대적하는 사람들을 향한

두려움과 분노에 떨고 있다가

그의 친구들이 당신의 손과 발이 되어

그를 구출해냈던 일을 기억합니다.

우리는 예수가 죽음의 손아귀 안에 있었지만,

죽음이 예수를 집어삼키지 못했던 일을 기억합니다.

음부에서 하루가 지났지만,

죽음은 그를 이기지 못했습니다.

음부에서 이틀이 지났지만,

죽음은 그를 붙잡지 못했습니다.

죽음의 세력이 그를 사로잡는 일은

있을 수 없었기 때문입니다.

하지만 우리는 사로잡혀 있습니다.

하루가 지나고, 이틀이 지나고, 오랜 시간이 지나도

우리를 얽매는 두려움과 불안과

원한과 슬픔과 의심과 피로와,

죽음의 세력을 따르는 모든 불의한 손아귀에서

우리는 풀려나지 못했습니다.

죽음에 사로잡힌 우리는 무력하게 있지만,

우리의 시선은 당신을 향합니다.

다시 사신 당신이 우리와 같은 사람을 위해 부활하셨고,

우리와 같은 사람 가운데 부활하셨으며,

부활하신 당신이 지금 이곳에 우리와 함께하시므로

죽음이 우리 또한 집어삼키지 못합니다.

아멘.

부활 1주간 화요일, 예레미야 37~45장을 읽으며,

2000. 4. 25.

부활의 모습으로 우리를 만나소서

– 부활절에 드리는 기도

사나운 파도를 두려움에 떨게 하시고,

천둥소리를 잠재우시며, 천지를 뒤흔드시고,

걷잡을 수 없는 혼돈에 놀라움으로

넋을 잃게 하시는 주님,

당신은 강한 팔을 펼치셔서 기적과

놀랍고 웅장한 일들로 당신의 백성을 구하시는 분입니다.

어려운 고비와 잠 못 이루는 밤마다

우리의 피난처와 도움이 되시는 당신을 향해

우리는 눈을 돌립니다.

우리는 당신의 변함없는 사랑을 구하지만,

우리의 기대는 어긋납니다.

우리는 당신의 약속을 기다리지만,

기다리는 동안 우리의 심신은 피폐해집니다.

우리는 혹시 당신이 우리를 잊으셨을까,

우리를 향한 자비를 거두신 것일까 하는 생각에 빠진 채

묵묵히 있습니다.

당신께 허심탄회하게 밝히는 우리의 삶은

천지를 진동하는 기적의 달콤함과

몸을 휘청이는 의심의 쓰라림이 뒤섞여 있습니다.

그래서 우리는 당혹감과 경이에 찬 모습으로

당신께 나아갑니다.

당신을 성심껏 의지하지만,

모든 것을 다해 믿기에는 두려움이 앞섭니다.

당신께 간절하게 요청하지만,

바라는 모든 것을 요청하기에는 용기가 없습니다.

열렬하게 당신의 약속을 희망하지만,

오랜 희망에 지친 나머지 주저앉습니다.

부디 우리 마음 깊은 곳에 자리한 갈망을 보소서.

지금 이곳에 있는 우리 형제자매의 상처를 살피소서.

우리와 우리의 가족에게 닥친 혼란에 귀를 기울이소서.

우리가 있는 이 도시에 사는

부자와 빈자의 부조화를 눈여겨보소서.

지금도 이 땅에서 일어나는

수많은 부조리와 불의를 잊지 마소서.

폭력과 외면이 빚어내고,

사랑의 부재와 정의의 침묵과

기본권의 상실이 폭발시킨

걷잡을 수 없는 분노를 달래주소서.

우리의 고통을 하나라도 빠짐없이 셈하시며,

고통받는 사람의 이름을 한 사람씩 부르소서.

그들의 상처를 일일이 살피시며,

치유하는 손으로 어루만지소서.

혼돈을 길들이시며 모든 피조물의 눈물을

손수 닦아주시는 주님,

우리는 당신의 고통을 헤아려봅니다.

당신의 가시 면류관과 병사들이

제비를 뽑아 가져간 당신의 속옷을 기억합니다.

수많은 사람의 조롱 가운데 당신의 고통뿐만 아니라

세상의 모든 고통을 지셨다는 사실을 떠올립니다.

죽음을 이기시고 죽음의 세력도 붙잡지 못했던

능력의 주님,

부활의 모습으로 오소서.

완전한 승리의 모습으로 오소서.

영광으로 가득한 새 생명으로 오소서.

부활의 모습으로 우리를 만나소서.

우리의 상처를 치유하시며, 모든 불의를 깨뜨리소서.

평화를 가져오시며,

우리 안에 이웃 사랑을 공고히 다져주소서.

생명의 주님이신 당신의 모습 그대로

우리의 주님이 되소서.

우리의 삶을 당신의 삶으로 옮겨 굳건히 심으소서.

이웃을 멀리하고 자기의 안위만을 구하던 모습에서

우리를 건지소서.

감사와 기쁨으로 가득한,

부끄러움 없이 외치는 우리의 노래를 들으소서.

할렐루야! 아멘.

시편 77편 강독, 1994. 3. 29.

이전에 없던 새로움으로 오소서

— 성령강림절(오순절)에 드리는 기도

성령이여,
우리는 당신에게 바람이라는,
힘이라는, 권능이라는 이름을 붙입니다.
때로는 상상력을 발휘해
'제3의 위격'이라고 부르기도 합니다.
그렇게 당신에게 수많은 이름을 붙이는 동안
당신은 그저 다가오십니다.
때로는 거센 바람으로, 때로는 차가운 겨울바람으로,
때로는 뜨거운 모래바람으로,
때로는 불어닥치는 폭풍으로,
때로는 가볍게 나부끼는 산들바람으로...
이전에 없던 새로움을 불어 넣어 주십니다.

황폐한 세상 위로 바람을 불어 풍요롭게 하시고,
체념에 빠진 교회 위로 숨을 내쉬어
새로운 힘을 얻게 하시며,

목동 다윗에게 기름을 부어 그를 왕으로 세우십니다.
그렇게 당신은 쓸모없는 것들을 새롭게 변화시키십니다.
성령이여, 기도하오니, 오늘 우리에게 오소서.
이곳과 당신을 구하는 모든 곳에 임하소서.
강한 능력으로 우리를 찾아오소서.
우리를 뒤흔드소서.

당신의 바람을 불어 우리를 우리의 삶 밖으로 보내소서.
당신의 바람을 불어 우리가
우리 희망 너머의 당신을 찾게 하소서.
당신의 바람을 불어 우리가 두려운 마음을 떨쳐내고
세상에서 당신의 새로움을 행하게 하소서.
오소서, 성령이여.
아멘.

사무엘상 16:1~13 강독, 2000. 4. 13.

당신의 통치를 기다리며

— 왕이신 그리스도 주일'에 드리는 기도

가장 복되신 분, 우주의 왕이시여.

우리는 당신을 왕, 주님, 지배자, 통치자라고 부릅니다.

우리는 당신에게 이런저런 이름을 붙임으로써

깊숙이 숨겨진 우리의 불안을 해소하기 원합니다.

그렇게 확신하고 싶어 합니다.

동시에 우리는 당신의 손길과 관심이 필요한 현안,

우리가 직면한 수많은 문제에

당신께서 침묵하고 계신다고 여깁니다.

우리는 당신을 만왕의 왕이라 부르며

당신의 나라를 위해 매일 기도하지만,

폭력과 압제의 파도가 몰아칠 때,

당신이 어떠한 반응도 하지 않으신다고 생각합니다.

---

* 왕이신 그리스도 주일은 대림절 직전 주일(연중 34주일)로 교회력의 마지막 주일이다. 1925년 로마 가톨릭교회에서 왕이신 그리스도의 의미를 기리기 위해 제정하였고, 이후 성공회와 루터회, 감리교회 등 여러 개신교단 또한 왕이신 그리스도 주일을 정해 교회력에 따라 지키고 있다.

우리는 당신을 우리의 왕이라 부르며
당신께서 영광과 능력 가운데 돌아오신다고
이야기하지만,
우리는 이 어두운 세계의 권세 아래 짓눌려 신음합니다.

우리는 당신을 평화의 왕이라 부르며
당신의 연약함과 자비와 연민이 세상을 새롭게 하기를,
우리의 일상을 회복하기를 기다립니다.
우리는 우리가 당신에게 붙인 여러 이름을 부르며
당신을 기다립니다.
그러나 우리는 참을성이 부족합니다.
그러니 가장 복되신 이, 우주의 왕이여,
우리의 기도를 들으소서.
아멘.

사무엘상 8장 강독, 1999. 3. 4.

마지막 때에 — 왕이신 그리스도 주일에 드리는 기도

우리는 당신께서 돌아오시는 그날까지
당신의 죽음을 전하겠다고 말합니다.
아이였던 우리는 당신께서 곧, 극적인 순간에
위풍당당한 왕의 모습으로 오실 것을
전혀 의심하지 않았습니다.
하지만, 이제 어른이 된 우리는
당신을 기다리느라 애를 태우지 않습니다.
우리는 권력과 부와 명예와
특별 대우와 안전과 인정에
뼛속까지 취해있기 때문입니다.
우리는 속으로 '돌아오시는 그날까지'라는
표현이 터무니없다며,
아무도 듣지 못하는 작은 소리로 투덜거립니다.

마지막 때에,
시간이 종착역을 향해 가는 이때,
말세의 징조가 보이는 이때,

이전의 하늘과 땅이 사라지는 이때,

우리는 두려움과 희망이,

기쁨과 질색하는 표정이 교차하는 모습으로

"당신이 돌아오시는 그날"이라는 약속에

한 걸음씩 가까이 다가갑니다.

그리고 당신께서 돌아오실 때까지

당신의 이야기를 전합니다.

당신의 평화가 우리의 모든 폭력을 멎게 할 때까지,

당신의 풍요로움이 우리의 인색함을 변화시킬 때까지,

당신의 양식이 우리 가운데 굶주리고 메마른 이

모두를 배불리 먹일 때까지,

당신의 친교가 섬처럼 고립된 우리를

다시 하나로 만들 때까지…

주님, 우리는 당신을 신뢰하며 소망합니다.

우리는 절망에 빠져 낙심하지만,

그래도 당신을 소망합니다.

우리는 물질에 현혹되지만, 그래도 당신을 소망합니다.

우리는 최신의 지식을 접하면서 의구심을 품지만,

그래도 당신을 소망합니다.

곧 오소서, 그리스도 예수여 오소서, 어서 오소서.
우리가 당신의 죽음을 우리 안에
매번 새롭게 새기며 기다리니 오소서.
당신께서 우리를 찾아오실 때까지,
그리고 다시, 또다시 오실 때까지,
예수여 오소서. 아멘.

예레미야 30~31장 강독, 2001. 10. 30.

당신께서 우리를 찾아오실 때까지,
그리고 다시, 또다시 오실 때까지,
예수여 오소서. 아멘.

예언자의 기도

초판 1쇄 | 2020년 12월 30일
　　2쇄 | 2022년 5월 10일

지은이 | 월터 브루그만
옮긴이 | 박천규

발행처 | 비아
발행인 | 이길호
편집인 | 김경문
편　집 | 민경찬
검　토 | 김준철 · 손승우 · 황윤하
제　작 | 김진식 · 김진현 · 이난영
재　무 | 김병대 · 이남구 · 김규리
마케팅 | 유병준 · 김미성
디자인 | 민경찬 · 손승우

출판등록 | 2020년 7월 14일 제2020-000187호
주　소 | 서울시 강남구 봉은사로 442 75th Avenue 빌딩 7층
주문전화 | 010-2088-5161
이메일 | innuender@gmail.com

ISBN | 979-11-91239-04-1 03230
한국어판 저작권 ⓒ 2020 ㈜타임교육C&P